JN409343

덧셈과 뺄셈

서용태 수필집

| 머리말 |

직장을 떠나면서

동료들에게 드리고 싶은 이야기가 참 많았습니다.

그동안 주경야독의 의지로 오 년여 동안 수필집 한 권을 준비해 왔습니다.

이 수필집으로 그 이야기를 대신할까 합니다.

외람됩니다만, 사십여 년 공직을 마감하면서 저의 공직관, 사회관, 자연관, 경로효친의 마음 등을 진솔하게 담았습니다.

저의 작품 한점 한점을 읽으시면서 공감하는 부분에 대하여는 격려를 부탁드리고, 행여 생각이 서로 다르더라도 관점이 다르기 때문임을 양해해 주시기를 부탁드립니다.

먼 훗날 직장에서의 제 모습은 잊힐지라도 여러분의 마음속에 저의 작품 한 가지라도 가슴 깊이 남아 명곡처럼 불려졌으면 하는 작은 바람을 가집니다.

그동안 열정과 인내로 수필문학을 지도해 주신 강돈묵 교수님께 존경과 감사를 드립니다.

그리고 항상 격려해 주시고 협조를 아끼지 않으신 계룡수필문학회 회원 여러분께도 감사를 드립니다.

고맙습니다.

안녕히 계십시오.

2012년 6월 30일

서용태

■ 목차

제1부 트럼펫 부는 남자

제2부 어머니의 사립문

제3부 에덴을 잃어 더 행복하여라

제4부 잔설

1부 ● ● ● 트럼펫 부는 남자

긴 침묵을 깨고 어디선가 한 줄기 청아한 새소리가 흘러나온다. 휘파람새 소리다. 청각을 타고 심장을 거쳐 발끝까지 전해지는 청량한 소리다.

휘파람새 소리

유월의 숲은 장엄하다. 서막이 오르기 전의 무대 풍경처럼 숲에도 고요가 흐른다. 긴 침묵을 깨고 어디선가 한 줄기 청아한 새소리가 흘러나온다. 휘파람새 소리다. 청각을 타고 심장을 거쳐 발끝까지 전해지는 청량한 소리다. 서막을 여는 어떤 음악처럼 긴 여운이 묻어나는 소리여서 좋다.

저마다 좋아하는 새소리가 있을 것이다. 나는 휘파람새 소리를 유독 좋아한다. 어떤 때는 애절하게 들리기도 하고, 평화롭게 들리기도 한다. 그 새소리에 매료되는 이유다. 어머니를 여읜 뒤에는 새로운 느낌 한 가지를 더 얻었다. 어머니가 콩밭 매다 말고 허리를 펼 때 내는 '후여-' 소리로 들리기 때문이다. 이처럼 자연의 소리는 나와 교감하기도 하고 감응하기도 한다. 그래서 행복을 느낄 때가 많다.

어느 날이다. 텔레비전에서 자연 다큐멘터리 영상을 보게 되었다. 새들의 생태를 기록한 영상물이었다.

작은 새 한 쌍이 나뭇가지에 둥지를 틀고 알을 낳아 품기 시작한다. 비바람이 거센 날에도 꿈쩍 않는다. 드디어 껍데기를 깨고 어린 새끼가 나온다. 어미 새의 동작이 더욱 민첩해지기 시작한다. 포식자로부터 새끼 보호하랴, 먹이 물어 오랴, 쉴 틈이 없다. 어미 새의 초롱초롱한 눈동자가 가슴을 아리게 한다. 둥지 주변은 결코 안전지대가 아니다. 이리저리 몸을 움직여 보지만 초조하고 두려운 기색이 역력하다. 어미 새의 공포가 현실로 다가온다. 누룩뱀이 둥지를 향해 기어오르더니 순식간에 새끼들을 모조리 잡아먹는다. 누룩뱀을 공격해 보기도 하지만 허사다. 그 절망의 순간, 스타카토의 어미 새 울음소리는 나를 전율케 했다.

인간이 얼마나 자기 위주로 살아가는지 알게 되었다. 새들의 삶 자체를 알지 못하고, 종속물로 인식한 무지는 끝이 없다. 내가 기쁠 때는 같이 노래하는 느낌으로, 내가 슬플 때는 구슬피 우는 느낌으로 다가왔으니 짝을 찾는 소리, 먹이를 찾는 소리에도 그런 줄만 알았다. 그 숲 속에서 생사를 가늠하기 어려운 살벌한 삶이 있다는 사실을 모른 채 말이다. 내가 좋아하는 휘파람새의 아름다운 지저귐도 한 생명체의 생존전략임을 비로소 깨달은 것이다.

지금껏 만물이 나를 위해 존재한다는 사고思考로 살았다. 나 또한 지구상의 한 생명체일 뿐이라는 생각을 하지 못한 것이다. 풀 한 포기, 나무 한 그루가 여럿 모여 숲을 이루 듯, 크고 작은 생명체가 모여 큰 세상을 이루고 있지 않는가. '인간은 만물의 영장'이라는 말이 무슨 진리처럼 통용되고 있다. 그것은 우리들의 오만이자 착각일 뿐이다. 하루에도 수 없이 천상천하유아독존天上天下唯我獨尊을 말하며 뭇 생명체를 종속물로 여기지나 않았을까.

오늘 아침에도 어김없이 동이 튼다. 잠결에도 소름 끼치는 새소리가 있다. 까마귀의 기분 나쁜 울음소리다. 사실 까마귀 울음소리를 좋아할 사람은 없을 것이다. 심지어 침을 '퉤' 하고 세 번씩 뱉곤 한다. 까마귀가 심하게 울어대면 가까운 곳에 초상이 난다는 속설 때문일 것이다. 생김새도 새까만 게 정감이 가지 않는 새다. 생김새 못지않게 목소리는 왜 그렇게 큰지 모르겠다. 산새 소리가 좋아 창을 열었다가도 그 소리가 싫어 닫아 버리기도 한다. 그래도 뭇 새들은 까마귀를 탓하지 않는다. 아침을 여는 오케스트라 연주의 화음을 깨트려도 그만이다. 진정 평화로움이 어떤 것이고, 조화로움이 어떤 것인지 자연을 통하여 음미해 보는 시간이다.

요즘처럼 녹음방초 우거지면 뭇 새들의 지저귐이 상쾌하다. 유난히 톤이 높은 휘파람새 소리도 섞여 들려온다. 비록 짝을 찾고 새끼를 부르는 소리가 될지는 몰라도 정말 기분 좋은 선물임에는 틀림없다. 이처럼 아름답고 향기로운 선물을 받았으니 누군가에게 나누어 주고 싶은 생각이다. 까마귀 소리처럼 남의 기분을 상하게 할 것 없이 휘파람새 소리를 닮은 내가 되고 싶다.

지천명知天命

오십 고개를 한참 넘었다. '지천명知天命'이란 화두를 간직한 채. 지천명이란 사전적 뜻을 헤아리기는 쉽다. 하늘의 명을 안다는 말이니까. 하지만 하늘의 명을 안다는 것이 그렇게 쉬운 일인가. 나이 오십이 되던 날 누구에게 물어볼 수 없었던 말이다. 나만 모르는 사람으로 남을까 두렵기도 했다. ≪논어≫를 해설해 놓은 책을 살펴보았다.

> 나이 열다섯에 학문에 뜻을 두었고(吾十五而志于學), 서른에 스스로 일어서고(三十而立) 마흔에는 미혹되지 않았고(四十而不惑), 쉰에는 하늘의 명을 깨달아 알게 되었으며(五十而知天命), 예순에는 남의 말을 듣기만 하면 곧 이치를 깨달아 이해하게 되었고(六十而耳順), 일흔에는 무엇이든 하고 싶은 대로 하여도

법도에 어긋나지 않았다.(七十而從心所欲 不踰矩)

- ≪논어≫ '위정편爲政篇'에서-

≪논어≫ '위정편'을 통해서 공자가 만년晩年에 회고한 말임을 알았다. 이 부분 다른 것은 모두 이해가 가는데 '하늘의 명을 깨달아 알게 되었다.'라는 말뜻은 여전히 알 길이 없었다. 어렴풋이 어떤 심오한 철학을 간직한 말 같기도 했다. 결국 이 말뜻을 알아내지 못한 채, 세월은 지천명을 지나 중반을 훌쩍 넘어버렸다. 언젠가 나에게도 천명이 무엇인지 스스로 알게 되는 날이 오겠지. 그 말에 담긴 깊은 뜻을 알지 못한 채 칠 년여 세월이 흘러갔다.

어느 날이다. 갑자기 오른쪽 허리가 묵직해지더니 굉장한 통증이 느껴졌다. 시간이 흐를수록 통증은 더 심해졌다. 하늘이 노랗게 보이고, 이마에는 식은땀이 흘렀다. 나중에는 말할 기운조차 없을 정도로 아픔이 심했다. 이대로 죽는가 보다. 주위 사람들의 도움으로 인근 병원 응급실로 후송되었다. 옆구리를 받치고 아픔을 이겨 보려고 해 보지만 소용이 없다. 이런 내 모습을 본 응급실 의사는 '요로결석' 증세라는 것을 바로 알아차린다. 응급실 베드에 누이고 링거를 꽂았다. 엉덩이에는 진통제를 놓았다. 그래도 통증이 진정되지 않는다.

통증으로 고통스러워하는 내 모습을 보고, 아내는 허둥지둥 정신이 없다. 간호사한테 달려가 애원하다시피 한다. 침착한 건지, 워낙 자주 겪는 일이라서 그런지는 모르겠으나 간호사의 조치는 더디기만 하다. 아내가 몇 번을 쫓아갔을까, 그때서야 못 이기는 척 링거에 진통제를 섞어 혈관 속으로 내보내는 것이다. 두 차례 진통제를 맞고서야 그 고통에서 어느 정도 벗어날 수 있었다. 이어서 정밀 검사가 시작되었다. 검사결과는 요로결석이 확실했다. 수분 섭취를 많이 하게 되면 소변으로 빠져 나올 수 있는 크기였다. 요로결석은 산모의 출산 고통과 같다 하여 '산통'이라는 별칭이 따라다닌다. 혈압도 높다. 중증 고혈압 수준이다. 놀라서 그렇겠지 했는데, 좀처럼 혈압이 떨어지질 않는다. 이대로 두면 언제 변을 당할지 모를 일이다. 의사의 처방에 따라 하는 수 없이 혈압약을 장기 복용하기로 마음먹었다.

사십여 년 세월 동안 병원을 모르고 살았는데, 일순간 두 가지 병을 얻은 것이다. 오십 나이를 넘으면 어쩔 수 없더라는 어른들의 말씀이 뇌리를 스쳐갔다. 나 또한 피할 수 없는 길을 가고 있다는 생각을 하니 서글퍼진다. 병상에 누워 한 방울씩 혈관을 타고 들어가는 링거액을 보면서 상념에 잠겼다.

죽음이란 게 이런 것이구나. 아무런 예고도 징후도 없이 이렇게 쉽게 갈 수도 있겠구나. 마흔아홉 된 둘째 처남도 갑자기 죽음을 맞지 않았던가. 사실 따지고 보면 새로울 것도 놀랄 일도 아닌 것이다. 다만 몸이 정상일 때는 그 공포를 잊고 있을 뿐이다. 마치 천 년을 살 것 같은 착각 속에서 살고 있는지 모른다. 수명은 곧 천명인 것이다. 그렇다면 나이 오십을 '지천명'이라 한 공자의 말뜻을 알 것 같다. 사람은 반드시 죽게 되어 있으니, 하늘을 두렵게 여기면서 양심에 따라 여생을 보내라는 뜻일 게다.

누구나 죽음을 인정하게 되면, 혼魂이 머물 곳을 생각하게 된다. 그곳이 어디이겠는가. 바로 하늘이다. 그 하늘이 지금 나를 지켜보고 있는 것이다. 어찌 촌각을 헛되이 보낼 수가 있겠는가. 남이 나를 볼 수 없다 하여 어찌 양심이 허락지 않는 일을 할 수 있겠는가. 병원을 나서면서 하늘을 쳐다본다. 이제야 하늘의 뜻을 알아차린 느낌이다.

덧셈과 뺄셈

아내의 짐꾼을 자청했다. 추석 전날이라 살 것도 많고, 시장 구경도 하고 싶어 결정한 일이다. 시장 안에서 지인을 만났을 때는 묻지도 않은 대답을 하곤 한다. 오늘 하루 아내의 짐꾼이라는 점을 강조하는 것이다. 이상하게도 그렇게 말하고 나면 쑥스러움이 사라진다. 아직까지 우리 사회에는 가부장적 잔재가 남아 있는 게 사실이다. 더구나 남편들 마음속에서 좀처럼 지워지지 않음을 느끼게 하는 대목이다. 그래서 짐꾼이라고 하면 은근히 힘이 센 남편이 아내를 위하는 말로 이해되기 때문이다. 명절 때에는 그 말이 딱 들어맞는 말인지도 모르겠다.

아내는 신이 났다. 복잡한 인파 속을 잘도 비집고 다니면서 이것저것을 사서 건네준다. 재래시장이라는 이곳이 마트와 다른 정서적인 면이 있음을 알게 되었다. 푸성귀를 파는 할머니는 마지막에 꼭 한 움큼을 더 집어 주기 때문이다. 별 것 아닌 것 같지만 아내의 얼굴에서 그게 얼마나 값진 청량제인가를 읽을 수 있다. 거기에는 돈으로 환산할 수 없는 정情이 오간다. 재래시장을 즐겨 찾는 이유이기도 하다.

물건을 산 봉지가 여러 개 내 손에 들렸다. 주차장으로 돌아오는 길에 장 보던 이야기로, 아내는 연신 즐거운 표정이다. 손에 든 여러 개의 봉지 무게로 팔은 아프지만 즐겁기는 나도 마찬가지였다. 명절 분위기를 흠씬 맛보면서 모처럼 사람 사는 맛과 멋을 마음껏 즐긴 시간이어서 좋다. 집으로 돌아오면서 마트에서의 장보기와 비교해 보았다. 마트에서는 진열대의 물건을 내 것처럼 골라 담는다. 이게 얼마냐고 물어볼 필요조차 없다. 물건마다 바코드에 가격 정보가 내장되어 있어 계산대에 올려놓으면 그만이다. 정확한 셈과 함께 영수증이 나온다. 그것으로 끝이다. 뭔가 2% 부족한 허전한 느낌을 받는 게 사실이다.

이번에는 아내가 곧 닥칠 겨울 양복을 사러 가잔다. 추석에 새 옷이라니, 언뜻 애들 설빔 같은 생각이 들어 선뜻 대답이 나오지 않는다. 그런 이유도 있지만 내심 가격이 걱정이 되어 더 망설여진다. 양복 한 벌 값이 만만치 않으니 말이다. 대답을 않고 머뭇거리는 속내를 아내가 바로 알아차렸을까. 40% 세일하는 양복매장 한곳을 미리 봐 두었다는 것이다. 그것도 늦으면 안 된다는 말로 꼼짝 못하게 해 버린다. 마음이 쏠리는 것도 반반이다. 태도를 명확하게 정하지 못하고 어정쩡한 상태에서 아내를 따라나섰다.

정가에서 40%를 염가 처리하였으니 그런대로 싸게 산 옷이다. 조금 전 시장에서 푸성귀 한 움큼을 덤으로 받았던 것에 비교하면 엄청 큰 선물이다. 그럼에도 고맙다거나 즐거운 기분이 일어나지 않으니 참으로 이상한 일이다. 왜 그럴까. 한참을 생각하다 나름으로 생각을 정리하게 되었다. 상품의 유통과정에서 염가판매는 마케팅 전략의 하나다. 그러기에 기분이 언짢은 것이다. 도대체 이 양복 한 벌에 들어가는 원가가 얼마이기에 40% 염가판매가 가능한 것인가. 우리는 그동안 얼마나 비싼 가격으로 옷을 사서 입었다는 말인가. 이 같은 부정적인 생각만 머릿속에서 맴돌 뿐 즐겁고 고마운 느낌은 조금도 일어나지 않는 게 사실이다.

재래시장에서 덤으로 주는 것은 고맙고 즐겁다. 왜 그럴까. 상행위에 있어 정한 값에 무언가를 더 얹어주는 것은 정情으로 생각하기 때문이다. 반면 정한 가격에 얼마를 깎아준다는 것은 불신만 초래하게 된다. 사는 사람에게 이익을 안겨 준다는 의미는 같다. 똑 같은 상술일진대 한 가지는 덧셈으로, 다른 한 가지는 뺄셈으로 처리했을 뿐이다. 그렇지만 정서상 의미는 확연히 다른 느낌인 것이다.

인간관계에 있어서 덧셈과 뺄셈의 원리는 무엇일까를 생각하게 되었다. 멀리 생각할 것 없이 가정생활에서 그 답을 찾기로 했다. 남편이 좋아하던 술을 줄이거나, 담배를 줄인다고 크게 감동을 받거나 고마워할 아내는 없다. 가정생활에 있어, 이런 일들은 뺄셈에 해당될 것이라고 가정해 보았다.

그러면 덧셈은 무엇일까. 대단한 철학도라도 된 것처럼 해답 찾기에 몰입하게 되었다. 여러 날을 두고 생각 끝에 덧셈의 요소를 찾아내었다. 그것은 너무도 일상적이고 평범하며 매일 겪는 일들이었다. 바로 남편의 '고맙다'라는 말 한마디일 것이라는 결론을 얻었다. 아내가 애써 옷을 다려줄 때도, 맛있는 반찬을 요리할 때도, 끼니마다 따뜻한 밥을 지어올 때도 '고맙다'는 말을 한 적이 있었던가. 매일같이 깨끗한 옷을 차려 입으면서도 빨래하는 수고로움에 '고맙다'는 말을 한 적이 없다.

뺄셈에 인색하고 덧셈에 후하면 행복한 가정, 훈훈한 인간관계를 가질 수 있다는 지혜 하나. 아내의 추석 장보기를 도우면서 얻은 소득이다.

가을 바다

가을이다. 하늘은 쪽빛으로 드높다. 하늘빛을 닮고 싶었음인가. 바다는 사파이어 빛을 머금었다. 얼마 전까지 우중충했던 바닷물 빛이 이렇게 변한 것이다. 우리는 계절의 변화를 읽을 때 산과 들을 먼저 떠올린다. 사계의 변화가 육지보다 먼저 바다로부터 시작된다면 내륙에 사는 사람들은 의아해 할 것이다. 사면이 바다인 거제에서 나서 자랐지만 실제 느껴보기란 흔한 일이 아니기 때문이다.

칠 년 전 일이다. 새 아파트로 이사할 꿈에 부풀어 있었다. 살고 있는 전셋집을 다른 사람한테 넘기는 등 한 달 뒤에 있을 이사 준비에 바빴다. 그런데 어느 날 난데없이 이사할 아파트가 부도를 맞은 것이다. 급히 임시 거처를 구해야만 했다. 전셋집 구하기가 쉽지 않았다. 광고지를 빠짐없이 살펴보았지만 허사였다.

하늘이 캄캄하다는 말이 실감났다. 하는 수 없이 주변사람들에게 도움을 요청했다. 그렇게 부산을 떤 지 며칠이 지났다. 거제대교를 통영 쪽으로 넘어가다 보면 장평리란 곳이 있다. 지인으로부터 그곳에 사글세 빌라가 있다는 소식을 듣게 된 것이다.

칠 층 건물 중 오 층이었다. 전망이 얼마나 좋은지 우리 아파트 부도로 인한 충격을 어느 정도 잊을 수 있었다. 거실에 앉아 견내량 물길을 한눈에 볼 수 있는 위치다. 이곳에 이사한 시점이 한여름이었다. 여름철이면 지루한 장마 끝에 한두 개의 태풍이 닥치기 십상이다. 그해도 그랬다. 이사 온 지 얼마 되지 않아 매미 태풍을 맞았다. 그렇게 잔잔하고 부드럽게만 보이던 물길이 노도로 변하여 빌라 바로 밑까지 덮쳤다. 다행히 내가 살고 있는 빌라에는 피해가 적었지만 일대의 어촌을 쑥대밭으로 만들고 말았다.

다음 날이다. 바다는 언제 그랬냐면서 천연덕스럽게 유순하다. 물빛은 혼탁하고 수 없이 떠다니는 부유물이 바다를 어지럽히고 있었다. 깨끗했던 바다의 본래 모습은 어디에도 없었다. 세상의 모든 하수가 바다로 몰려든 느낌이다. 저런 물속이라면 해초는 녹아 없어지고, 물고기들은 모두 심해로 피신했지 싶다.

그런 모습도 잠시, 만추의 바다를 보게 되었다. 견내량 물빛이 확연히 달라졌다. 하늘빛이 그대로 바다색이 되었다. 수심도 한결 깊어 보이고, 잔뜩 한기를 머금은 바람이 지날 때면 고기비늘 같은 물결이 일었다.

무슨 이유인지는 모르겠으나 만추의 가을 바다는 어딘지 모르게 쓸쓸함이 묻어난다. 물결 위로 띄엄띄엄 오가는 배마저 고독해 보인다. 부평초 같다는 느낌으로 다가오기도 하고, 선원도 없는 빈 배로만 보이는 것이다. 그런가 하면 바람이 강한 날에는 소름끼치도록 찬 기운이 뻗쳐오른다. 여자가 한을 품으면 여름에 서리가 내린다 했던가. 한 많은 여인의 서슬 시퍼런 그 눈빛이다.

아내에게서 바닷가에 사는 소감을 듣게 되었다. 역시 가을 바다는 쓸쓸하단다. 여기에 더 오래 머물면 우울증이 생기겠다는 말을 덧붙인다. 괜스레 눈물이 난다며 자신도 모를 일이라 한다. 여름 바다에서는 그런 느낌이 전혀 없었는데 왜 그런지 모르겠다며 심각한 표정이다. 사실 아내는 집에서 보내야 하는 시간이 많다. 말하자면 지겹도록 바다를 볼 수 있는 기회를 얻은 것이다. 그러다보니 그만 감상적으로 흐른 듯했다.

어느 날 남편인 나마저 그렇게 비친다면 아내는 기댈 언덕마저 사라진 사람이 되고 만다. 낯설기만 한 이곳에 야반도주자와 같은 신세가 되었으니 말이다. 그동안 친숙했던 이웃이며 저잣거리에서 만나 수다를 떨던 여러 친구들과 갑자기 단절된 상실감을 미처 헤아리지 못했다. 평소 알고 지내던 선생님 한 분은 집 앞 바다에서 사모님을 잃었다. 심한 우울증을 앓던 중에 스스로 바다 가운데로 걸어 들어가 생을 마감한 것이다. 이렇게 실제 있었던 사건들이 자꾸만 머릿속에서 맴돌았다. 덜컥 겁이 났다. 혹시나 하는 불길한 생각이 들었기 때문이다. 퇴근하면 제일 먼저 아내의 기분부터 살폈다. 우울하게 보이기라도 하는 날에는 일부러 외식을 유도하기도 했다.

그렇게 일 년여 세월을 보냈다. 짧은 세월이었지만 가을바다에서 깊은 인상을 받았다. 맑고 깨끗해서 좋을지언정 포근하게 감싸주는 맛이 없는 사람, 그런 남편이 되어서는 안 되겠다는 깨달음을 얻은 것이다.

그때의 추억을 떠올리며 금년 가을이 가기 전에 그곳을 다시 찾고 싶었다. 만추의 낙엽이 물결 위로 떨어진다. 여러 해가 지났지만 가을바다를 바라보는 감회는 별반 다름이 없다. 그 청정한 에너지만을 가슴에 담아 오는 것으로 만족하기로 했다. 모든 게 지나침은 모자람만 못하다는 옛말을 되새기면서 가을 바다를 바라본다.

너무 혼탁해서 오래도록 눈길이 머물지 않는 여름 바다에, 가을 바다의 청정성을 섞으면 얼마나 좋을까. 물이 너무 맑으면 고기가 살 수 없다 했던가. 중용의 지혜를 얻을 수 있는 바다였으면 하고 터무니없는 욕심을 가져본다.

어쩌랴, 우주의 질서는 너무도 고지식해서 섞을 줄도 모르거니와 늘였다 줄였다 할 줄을 모르니. 오로지 해와 달이 빚어낸 조화임을 알고 그 속에 숨은 깊은 뜻도 헤아려봄 직하다.

손 펴고 살기

따져본다. 세상인심이 그렇게 흘러가니 세속에 휘말리지 않을 재간이 없다. 손해 보는 일인지, 이익되는 일인지……. 지구상의 모든 사람들이 그런 틀에서 사는 것 같다. 국제 무역수지가 그렇고, 주식의 등락에 가슴 졸이는 것이 그렇다. 그 뿐이랴, 하루 식사를 함에도 생선 한 마리와 채소를 음식으로 보지 않고, 칼로리로 보며 따진다. 운동도 자신에게 맞는 것을 찾고, 득이 되나 해가 되나 헤아린다. 어느 한 가지 따지지 않는 것이 없다. 마치 인간이 태어날 때 업보로 짊어진 것이나 되듯 따져댄다.

이렇게 요모조모 따지기 좋아하는 명석한 사람들을 혼란에 빠뜨린 일로 세상이 온통 아우성이다. 한순간에 손해와 이익의 균형이 깨어진 것이다. 지구촌 곳곳에서 연일 한숨 소리와 아우성이 들리는 듯하다. 경제전문가의 말을 빌려, 1920년대 세계 대공황 때보다 더 심각한 상황이라는 보도를 심심찮게 볼 수 있다. 얻은 것은 적은데, 너도나도 손해만 보고 사는 세상으로 변해버린 느낌이다.

경제원리만을 두고 보면, 손해를 보는 사람이 있으면 이익을 남기는 사람이 있기 마련이다. 이익을 많이 남기다 보면 물질적으로는 풍족할지 모르나 잃은 것이 많다. 주위 사람들로부터 부러움과 질시를 같이 받아야 하기 때문이다. 자칫 인격을 의심받을 일이 발생할 수도 있고, 가까운 사이가 멀어지는 단초가 될 수도 있다.

얼마 전에 있었던 일이다. 새 도로가 난다고 토지 보상이 나왔다. 형제자매가 많은 어느 집안에서는 한바탕 회오리가 몰아쳤다. 분배가 고르지 못하다는 것이다. 똑같은 자식인데 장남은 더 많이 가져가고, 출가한 딸들은 적게 주었던 게 화근이 되었다. 며칠을 싸우고도 그 셈이 평화롭게 끝나지 않았나 보다. 충혈된 눈으로 애꿎은 고향집과 고향하늘을 향해 삿대질을 해대면서 뿔뿔이 헤어져 각자 갈 길을 가고 말았다. 다시는 고향을 찾지 않을 기세다. 허리 굽은 홀어미는 멍하니 정신 나간 사람이 되어 일찍 떠난 지아비를 원망한다. 스산한 겨울바람에 흰머리가 휘날리는 홀어미의 모습은 뇌리에서 지워지지 않는다. 떠나가는 자식들을 바라보는 절망에 떨어진 눈. 그 애절한 눈가에 하염없이 흘러내리던 눈물을 자식들은 보기나 했을까.

우리는 윈윈(win, win) 하자는 말을 흔히 듣는다. 국제관계이

든 개인관계이든 많이 듣는 말이다. 서로 이익되게 해서 손해 보는 일이 없도록 하자는 말일 게다. 이렇게 슬기로움을 추구하면서도 자신의 이익이 걸려 있으면 평형을 잃고 마는 것이 인간인가.

이익에만 집착한 세상을 상상해 본다. 정말 끔찍한 상황만 그려지는 것이다. 그런 환경이라면, 제대로 숨을 쉬며 살아갈 수 없을 것 같다는 생각이 든다. 이익에 너무 집착하면 자신은 물론 주변 이웃이나 국가까지 파멸을 불러올 수 있다는 생각에 이르게 된다.

그러나 우리는 가끔 희망을 이야기하고, 행복을 느낄 때가 있다. 이런 것이 있기에 우리들은 휘청거리지 않고 쓰러지지 않는다. 늘 정신적 지주가 되어 준다. 아무런 이익도 바라지 않고 누구에게든 주기만 하는 사람, 급박한 상황에서 위험에 처한 타인을 구하기 위해 철로에 몸을 던지는 사람, 얼굴은 물론 이름 석자마저 알리지 않은 채 쌀 포대를 남기고 홀연히 사라지는 사람, 이 같은 사람들에게는 손해와 이익에 대하여 말하는 것조차 남부끄럽다. 이들에게서는 부모의 사랑 맛이 흐르고, 친구간의 우정과 신의가 보이며, 메마르지 않은 진정한 사람의 향기가 흘러나온다.

너도 나도 이익만 챙기려다가 생긴 손해로 온 지구촌이 궁색해졌다. 일상이 팍팍해져서인지 여유가 없다. 뭔가에 쫓기듯이 불안을 느끼며 사는 요즈음, 내 작은 삶이라도 바른지 챙겨볼 일이다. 나에게 더 많은 이익이 돌아올 때 손해를 입은 사람들을 먼저 생각하는 지혜가 필요하다. 나와 더불어 이웃이 행복하고, 우리나라와 더불어 다른 나라도 행복해질 때, 비로소 나와 내 가정이 행복해지는 이치를 깨달아야 한다. 이제 막 철이 든 사람처럼 가슴 안이 넓어짐을 느낀다.

어린아이가 태어나서 주먹을 쥐면서부터 불행은 시작된다고 한다. 욕심이 사람을 불행하게 만드는 것이다. 마디가 굳어지도록 불끈 쥔 손을 답답하지 않게 펴서 그 위에 신선한 아침 공기를 올려보았다. 마음의 창이 활짝 열려짐을 느낀다.

까치 예찬

까치가 이리저리 분주하다. 올봄에는 버드나무 높은 가지에 둥지를 틀었다. 길 가던 어르신 한 분이 금년에는 큰바람이 없을 거라고 장기 일기예보를 한다. 까치가 높은 가지에 집을 지으면 그해 태풍이 없다는 것이다. 아무래도 중심 가지에 비하면 작은 가지는 바람에 흔들림이 심하다. 그러나 까치는 안전한 부분을 마다하고 위험한 가지에 둥지를 틀었다. 금년에 센바람이 없을 것임을 미리 안다는 말이 된다. 이게 사실이라면 대단한 기상정보가 아닐 수 없다. 천기天機를 훔친 느낌이다.

그 말을 듣고 난 뒤부터 까치둥지를 관찰하는 버릇이 생겼다. 우리 마을 버드나무에 둥지를 튼 까치만 그런지를 비교하기 위함이었다. 창원까지 갈 일이 생겼다. 버스 창가에 앉아 밖을 관찰하기 시작했다. 버드나무, 아까시나무, 또 다른 나무의 높은 곳에 까치둥지가 보인다. 그렇다면 믿어도 될 만한 통계를 얻은 것이나 다름없다. 마음속으로 확신을 갖게 되니 금년 시월이 아득하게만 느껴진다. 까치의 예언이 증명되는 시기가 바로 시월 말이기 때문이다.

우연의 일치일까. 시월이 저물 때까지 한 번의 태풍도 없었다. 기상대의 예보에는 금년에 두세 개의 태풍이 있다고 했는데. 덕분에 들판의 벼이삭이 황금빛 바다를 이루었다. 까치의 장기 기상예보는 정확하게 맞아떨어진 셈이다. 마을 앞에 곱게 물들어 가는 버드나무 가지에 매달린 듯한 까치둥지. 그 주위로 한 쌍의 까치가 경쾌하게 지저귄다.

사실 인간은 몸체만 놓고 보면 다른 동물들보다 나약한 점이 많다. 그러기에 옛날 사람들은 신체적으로 인간보다 월등하게 강한 짐승 같은 것을 보면 맹신하는 습성이 있었던 것 같다. 창공을 마음대로 나는 새를 보면서 하늘의 신神과 가장 가까이 소통하는 영물로 여겼기에 솟대를 만들지 않았을까. 나 또한 이놈들의 초능력을 믿게 되면서 관심을 갖게 되었다. 사람보다 나은 능력 몇 가지가 머릿속에 떠오른다. 날 수 있다는 것, 부리와 발톱만으로 정교한 집을 지을 수 있다는 것, 암수가 공동으로 새끼를 돌보며 키운다는 것, 그보다 일년간의 기상을 예보하는 능력에 이르면 감탄이 절로 나온다. 적어도 이 분야에서의 능력은 인간보다 월등하다는 생각이다. 기상 전문가의 장기예보란 것도 과거 수십 년간의 통계 수치일 뿐이다.

까치는 지난해 살던 집을 그대로 쓰지 않는다. 옛 집을 뜯어 입에 물고 이사를 한다. 한 해를 보내고 새봄을 맞아 보금자리를 준비하는 까치의 모습이다. 아마 금년 한 해의 기상변화를 읽고 안전한 곳에 집짓기를 하기 위함일 것이다. 거기다가 둥지를 오래 두면 삭은 부분도 있고 벌레 같은 것이 생길 수도 있다. 이 모든 것을 한꺼번에 해결하는 방법을 까치는 알고 있는 듯하다.

인간은 좋은 생각, 나쁜 생각 가리지 않고 머리를 써 왔다. 그런 연유로 지능은 발달하였으나 오감은 제 기능을 잃어가는 것이다. 용불용설이라 하지 않았던가. 인간이 지구상에 원시 상태로 존재할 적에는 지금보다 월등한 능력을 가졌을 것이다. 그러기에 만물의 지배자가 되었지 싶다. 하지만 점점 인지가 발달되면서 상대적으로 원시적 감각기관은 무뎌지고 퇴화되었으리라는 짐작을 하게 된다.

인간이 인지능력을 키울 적에 까치는 자연에 순응하며 오감을 키운 도인처럼 살아온 것이다. 인간이 문명을 일으켜 살기에 편리한 것만큼 잃은 것도 많다. 까치가 혹독한 자연 재난으로부터 개체수를 늘려오는 것만 봐도 알 수 있다. 오로지 하늘로부터 물려받은 오감으로 말이다. 그러나 인간은 문명이라는 이기로 튼튼한 집을 짓기는 하지만 해마다 허리케인이나 태풍으로 인해 생명을 잃기도 하고 터전을 잃기도 한다.

이른 아침 까치가 울면 반가운 손님이 온다는 것을 믿어 왔다. 그러면서 한번도 까치처럼 예지능력을 키워 볼 생각은 하지 못했다. 가끔씩이라도 귀를 기울여 내 안의 소리를 들어야겠다. 온갖 오염된 언어와 생각들로 인하여 저만치 밀려나 있는 내 자신을 위해서라도. 남의 아픔에 같이 눈물 흘릴 줄도 모르고, 불의를 보고도 분노할 줄 모르는 자신을 모진 풍상 이겨낸 성자로 착각하며 살고 있지나 않는지 살펴볼 일이다.

매일같이 귀 기울여 자연의 소리를 들으면 더욱 좋으리. 그러면 창 밖에 눈 내리는 소리며, 솔잎을 스치며 속삭이는 바람소리며, 입춘을 맞아 봄이 오는 소리를 들을 수 있을 것이다. 마침내 잔설을 살며시 헤치면서 피어나 파르르 떨고 있는 복수초의 신음소리도 어렵지 않게 느낄 것임에랴. 그러면 비로소 까치를 이해할 수 있으려나.

네비게이션 유감

참 편리하다. 네비게이션이 안내하는 대로 가면 되니 말이다. 복잡한 시내길이나, 갈림길에서 순간 경로를 놓쳤을 때에도 운전자가 당황하지 않도록 경로를 다시 선정하여 안내하기 시작한다. 다소 시간적 차이는 있을지 모르나 목표지점까지 가는 데에는 별문제가 없다.

길을 잘못 들면 그 지점에서 찾아가는 방법을 알려준다. 한번은 집으로 가던 도중 다른 볼일이 생각나서 옆길로 접어들자 난리가 났다. 계속 새 경로를 탐색하여 집으로 가라 한다. 잠시 들렀다가 가려니 차 안이 시끄럽다. 얼마간은 참다가 네비게이션을 끄고 말았다.

편리도 좋지만, 최단의 길을 선정해 놓고 그것만을 강요하는 것은 멋없는 삶이란 생각이 고개를 든다. 더러는 장애를 만나

돌아도 가고, 정자나무 아래서 발을 멈추고 쉬었다가 가는 것도 나름의 의미가 있는데 너무도 조급한 삶만을 강요한다.

요즘 신문을 보면 가슴이 답답하다. IMF 당시보다 자살하는 사람이 많다는 것이다. 생목숨을 버릴 지경이면 거기에는 말 못할 고민이 있을 수 있다. 하지만 고속도로를 달리는 차량처럼 우리의 삶이 만만하리라는 환상을 가졌던 것은 아닐까. 항상 내 앞에는 좋은 일만 일어나야 하고, 하는 일마다 성공을 거두어야 한다는 자기중심적 사고가 불행을 자초했는지도 모를 일이다.

가끔 어린 시절을 반추하곤 한다. 보리밥도 귀한 시절이 있었다. 짧게나마 보릿고개를 실제 겪은 세대다. 쌀독 안엔 곡식이 다 떨어져 어머니의 한숨만이 바가지에 가득 담겨 나오던 늦은 봄을 잊을 수가 없다. 보리 수확이 한참 남았는데 식량은 바닥을 보인 것이다. 아직도 잎줄기가 퍼렇게 살아 있는 보리를 베어 춘궁기를 넘겨야 했다.

언제인지는 정확한 기억이 없으나, 그 보리마저 빨리 찾아온 장마로 모두 썩히고 만 적도 있었다. 장마가 길어져 보리 낟가리에서는 새파란 싹이 잔디처럼 돋아났다. 싹 난 보리 이삭을 탈곡하여 사카린을 넣고 삶아 먹었다. 아마 햇고구마가 날 때까지 그렇게 참고 살았지 싶다.

오늘을 견디면 내일은 나아지겠지. 내가 자라 어른이 되면 우리 집안에도 잘 사는 날이 오겠지. 바로 그런 희망으로 살았다. 먹을 것조차 부족했던 시절이었지만 아무도 생목숨을 버릴 생각을 하지는 않았던 것이다.

지금 우리들에게 옛날처럼 살라면 죽음을 택할 사람이 더 많을지 모른다. 하지만 그 시절 사람들은 그러질 않았다. 늘 삶이란 제 홀로 참고 인내하며 사는 것이라고 익혀 왔기에 견딜 만했다. 오늘날 사람들이 생명의 존귀함을 잊고, 쉽게 제 삶에 차단기를 내리는 것은 너무도 쉬운 삶만을 선택한 탓이란 생각이 든다. 고민하면서 최선의 삶을 꾸리려는 노력보다는 과정을 뛰어넘고 목표지점에 도달하려는 안일한 방법을 선호한 결과리라.

마치 고민하며 길을 찾지 않고, 안내해 주는 네비게이션에만 의존한 사람이 인내력이 없음과 같다. 실제 지형지물을 입력시켜 놓고 위성에서 자료를 확인시켜 주니 쉽게 찾아갈 수는 있다. 이처럼 인생살이도 맞춤형으로 살면 오죽 좋을까. 성공 못할 사람이 없고, 실패로 인한 고통과 괴로움도 없을 것이다.

어찌 보면 네비게이션은 눈앞의 편리는 있지만, 험난한 인생길에는 장애가 될 수도 있다. 럭비공처럼 튀는 삶에는 단순한 최단의 길만을 안내해서는 안 된다. 지난한 미래를 견디기 위해 인내를 익혀야 한다. 어쩌면 네비게이션은 인내심을 내려놓게 하는 현대문명의 산물인지도 모른다. 강요되는 길만을 따라가는 삶은 즐거움과 희망이 없다. 어쩌다 길을 잃고 방황하게 되면 제 스스로 헤쳐 나갈 능력이 없기에 허우적대다 주저앉고 말 것이다. 그것은 내 의지가 실종되어 자생의 의지와 용기가 없기 때문이다.

인생살이에 있어서 진정한 네비게이션이란 용기요, 희망이요, 지혜일 것이다. 설령 잘못 든 길이라 해도 당황하지 말고, 침착하게 좌표를 직시하고, 다시 방향을 설정하면 되는 것이다. 인생에 있어 외길은 없다. 때로 길이 막히면 수고스러울지라도 돌아서서 다시 찾으면 길이 보이는 것이다. 안개 속에서 길이 보이지 않으면 안개가 걷힐 때까지 기다려야 한다. 길이 끊어진 개울을 지나야 할 때는 돌이라도 운반하여 징검다리를 만들 각오를 가져야 한다. 우리의 삶에는 항상 이처럼 지혜가 필요한 것이다.

내 자신 이처럼 편리와 효율에 익숙한 삶으로 짙게 오염되었음을 절감한다. 분명 나도 하나의 네비게이션이었지 싶다. 가정을 이루고 자녀들을 기르면서 그들이 걸어갈 길을 입력시켜 놓고 그렇게 따라 주기만을 강요한 적은 없었을까. 후회가 많은 것을 보니 네비게이션아빠였음이 분명하다. 마음속으로 다짐한다. 이제라도 너그러워져야겠다. 한결 마음이 가벼워진다.

개나리꽃

개나리 가지마다 기다리던 봄이 왔다. 햇병아리의 노란 부리 같다. 아직도 찬 기운이 가시지 않았는데, 서둘러 피어나 파르르 떨고 있다. '내가 먼저 봄소식을 전해야지' 마음 급한 개나리다. 잎은 겨울잠에서 깨어나지도 않았건만 어찌하여 꽃잎만 무수히 피었는가. 무논에서 개구리 울기 전에 봄소식을 전하려 함인가.

누가 저 아름다운 꽃을 '개나리'라 불렀을까. '나리 같지 않은 꽃'이란 말이 아닌가. 좋은 이름 모두 두고 하필이면 개나리다. 원산지가 한국인 우리 꽃이다. 천한 이름 지어 주어야 오래 산다는 속설을 따름일까. 김춘수 시인이 지은 <꽃>이라는 시 한 구절이 떠오른다.

내가 그의 이름을 불러 주었을 때,
그는 나에게로 와서 꽃이 되었다.

아주 오래전부터 누군가가 개나리라 불러 주었기에 우리 모두에게 친숙한 이름이다. 화려하지는 않지만 아름다운 단색의 꽃이다. 봄나들이에 제일 먼저 눈에 띄는 반가운 꽃이다. 실개천 돌틈에 수줍은 듯 피어 있는 개나리를 보면서 이런 말을 하고 싶다. 아무리 생각해도 개나리란 이름은 너에게 어울리지 않아. '노랑부리 봄꽃'이라는 새 이름을 지어줄게. 너를 보고 느낀 대로 지은 이름이거든. 그러면 너는 나에게 더 예쁜 꽃으로 다가오겠지.

개나리는 장미처럼 화려하지도 않다. 요염한 여인네 같은 진한 향기도 없다. 옛날 시골처녀 같은 수수한 꽃이다. 아무도 찾지 않는 산비탈 후미진 곳에도, 양지바른 언덕배기에도 피어나는 꽃이다. 겨울잠에서 깨어나지 못한 이른 봄의 황량한 산야를 고명처럼 장식하는 꽃이다. 이토록 흔한 봄꽃이기에 꽃가게에서도 외면하는 꽃이다. 가정집에서도 차별받기는 매한가지다. 난이라든지 분재는 집안에 두고 애지중지 가꾸면서도 개나리 화분 하나 들여놓은 집은 볼 수 없기 때문이다. 그러나 겨우내 움츠린 사람들에게 새봄의 환희를 전하는 우체부 같은 꽃이다.

그러기에 네 이름이 개나리면 어떠랴. 이른 봄 짧은 순간일지언정 사람들로부터 사랑받는 봄꽃인 것을. 개나리는 있어야 할 시기와 장소를 안다. 봄볕이 두터워지면 곧이어 화려한 꽃들이 앞다투어 피어난다. 그들이 오기 전에 흔적도 없이 사라지는 것이 개나리꽃이다. 그렇지만 누구도 추억해 주지 않는다. 오로지 뒤를 이어 피어난 갖가지 봄꽃에 취하여 기억조차 없는 서러운 꽃으로 느껴지는 까닭이다.

사람들 같으면 어찌했을까. 아마도 그 화려한 스포트라이트를 놓치지 않으려고 발버둥칠 것이다. 노란색은 분홍색으로 바꾸어도 보고, 작은 꽃잎은 크게 만들어 갈 것이다. 애초에 하늘이 점지하여 준 대로 살기를 거부하는 세상이기에. 그런가 하면 천한 이름은 새 이름으로 바꾸어 버릴 것이다. 이름 없는 장소에 산다는 것을 수치라며 살기 좋은 곳을 찾아 나설 것이다. 그런 까닭에 내가 있을 자리에 내가 없다. 그가 있어야 할 시점에 그가 없다. 나에게 돌아온 노력의 대가에 감사할 줄 모른다. 오로지 나 아닌 다른 사람의 몫에 마음이 상할 뿐이다.

장미는 화려한 꽃잎으로 가시를 감추고 있다. 백합은 달콤한 향기와 청순함이 있으나 독성을 품고 있다. 이 같은 종류의 꽃을 닮은 사람은 언제나 경계의 대상이 된다. 자신의 인격을 갈고 닦음에는 소홀하면서 남이 나를 알아주기만을 바라는 사람. 베풂은 적으면서 되돌려 받는 것에 대한 욕망은 끝이 없는 사람이기 때문이다. 그러나 개나리는 내면에서 우러나오는 아름다움이 있다. 직업이라든지 어떤 임무에 열중하는 그런 사람들을 닮은 꽃이다. 개나리 꽃 같은 심성으로 살면 세상이 얼마나 편안할까 싶다. 봄나들이 나온 처자가 한 아름 가득 허리를 꺾어가도 웃고 있다. '그토록 나를 사랑해줘서 고맙다.'는 말을 하는 것 같다.

어설픈 산악인

해발 750미터 성판악 등산로 입구다. 우리나라에서 두 번째 높이를 자랑하는 한라산은 달랐다. 차에서 내려 등산을 준비하는 곳이 거제의 제일 높은 산보다 230여 미터가 더 높다. 그래서인지 주눅이 든다. 정상까지 네 시간 삼십여 분이 소요된다고 하니 등산로 거리만도 약 10킬로미터가 된다. 평소 등산을 즐기면서 체력단련이라도 해둘 걸 그랬다는 후회가 밀려온다. 친구 따라 강남 구경을 하게 된 꼴이다. 등산 경험이라 해 봐야 열 손가락도 안 된다. 그것도 나지막한 산만을 오르내린 정도라서 초보인 셈이다. 거기다가 부부가 함께하는 등반인지라 왠지 스타일 구길 것 같은 예감이 드는 것도 무리는 아니다.

출발한 지 한 시간 사십 분 만에 사라악 약수터에 도착했다.

안내 표지판을 보니 1.7킬로미터 지점이다. 평탄했던 등산로가 약간씩 가파르게 느껴진다. 쉬어가는 빈도가 잦을 수밖에 없다. 그러기를 세 시간, 근근이 7.3킬로미터 지점인 진달래밭 대피소에 도착했다. 잠시 휴식을 가지면서 뭉친 다리와 허리를 풀고 있었다. 전문 산악인이 아니면 여기서 하산하는 것이 좋다는 진달래밭 대피소의 경고 방송이 등산 초보자의 마음을 약하게 만든다.

잠시 아내의 얼굴부터 살폈다. 포기하는 기색이 아니다. 기어가는 일이 있어도 기필코 한라산 정상에 오르고 말리라며, 제일 먼저 자리를 박차고 일어나 걷기 시작했다. 정상까지 약 삼 킬로미터를 남겨 두고 앞을 내다보니 아득하게나마 한라산 정상이 보인다. 등산객들의 긴 행렬이 개미 대열처럼 움직이고 있다. 그런 행렬을 본 순간 갑자기 힘이 솟는다. 어서 따라 오라는 무언의 몸짓으로 전해지기 때문이다.

식생대植生帶가 변하여 구상나무 군락지가 보인다. 살아 백 년 죽어 천 년이라는 구상나무의 왕성한 기운도 좋거니와 백골처럼 앙상한 것일지라도 색다른 느낌을 주어 좋다. 고사한 구상나무 등걸을 보면 의연한 주검을 보는 듯, 경외심마저 느껴진다. 구름이 안개처럼 포근하게 산허리를 휘감고 지난다. 광활하게 펼쳐지는 초원지대에 듬성듬성 철쭉무리가 보인다. 내년 봄을 기약하는 듯 등산객을 유혹하고 있다. 봄꽃이 피면 장관이겠다는 상상을 하면 절로 다시 찾고 싶은 욕망이 솟아난다.

정상이 가까이 다가온다. 바늘엉겅퀴 군락을 보게 되었다. 변화무쌍한 자연과 싸우면서 잎의 가시가 바늘처럼 억세게 진화되어 세계 희귀식물이 되었다. 이곳에는 푸른 양탄자로 덮은 듯한 키 작은 향나무 군락도 있다. 역시 고산 지대의 강풍으로부터 살아남기 위해 땅 위로 기는 듯한 향나무로 진화한 것이다. 적자생존適者生存의 법칙을 실감할 수 있는 곳이다.

드디어 해발 1950미터 한라산 정상에 올랐다. 백록담을 산 정상에서 내려다보는 느낌을 무엇으로 형언하랴. 언제 또 보러 올 기회가 있을까 싶어 두 눈 크게 뜨고 위에서 아래로 훑고 또 훑었다. 그 다음 기념 촬영을 했다. 하루 어설픈 산악인이 되어 무사히 등반에 성공하였으니 강한 자신감이 생겼다. 고생은 지금부터 시작되는 줄도 모른 채 말이다.

오후 두 시 안으로 하산하지 않으면 가을 해가 짧아 조난을 당할 수도 있다. 일행들 중 몸을 다친 사람이 없었기에 다소 험하기는 하나 경치가 좋다는 관음사 코스를 결정하고 말았다. 화산이 폭발하면서 형성된 수많은 오름들. 그 오름과 오름 사이로 형성된 계곡을 타고 흘러내리는 단풍물결. 제주도 특유의 화산암이 만들어낸 기암괴석과 단풍의 절묘한 조화에 넋을 잃고 말았다. 그런 즐거움도 잠시, 하산 길의 행복이 막을 내리는 순간이 찾아왔다. 험한 내리막길마다 설치한 널판자 계단이 문제였다.

처음에는 수고를 한 누군가에게 감사하는 말까지 했다. 한라산 정상으로부터 약 1.5킬로미터쯤을 내려왔을 뿐인데 오른쪽 무릎인대가 아파오기 시작한다. 수많은 계단을 내려 밟을 때마다 한쪽 다리에만 체중이 실리면서 무리가 온 것이다. 설상가상으로 누가 부부 아니랄까 아내도 똑같은 증세를 보였다. 하산 속도가 현저하게 느려진다.

이대로라면 오늘 밤 열 시를 넘어서야 목적지에 도달할 속도다. 손전등도 준비되지 않은 상황이라 걱정이 이만저만이 아니다. 다행으로 목적지까지 1.7킬로미터 남은 지점에서 한 가닥 레일을 보았다. 119에 구조요청을 하면서 그게 인명구조용 모노레일이라는 사실을 알게 되었다. 하지만 기구 운전자가 보이지 않는다. 기쁨도 잠시뿐, 이것을 믿고 있다가 정말 하산을 못할 수도 있겠다 싶어 불안한 생각이 들었다. 구조를 기다리는 것을 포기하고 다시 걷기 시작했다. 아내와 내가 아픈 다리를 끌면서 하산하는 모습이 영락없는 패잔병이다. 산을 가볍게 여긴 후회가 밀물처럼 밀려온다. 등산복과 등산화만 좋은 것으로 착용하면 다 되는 줄 알았으니, 무지하고 미련스레 전투에 임했다가 낭패를 당한 패잔병 신세가 아니겠는가.

주위가 어두워지기 시작한다. 목적지에 먼저 도착한 친구들이 걱정스레 전화를 해댄다. 그럴 즈음 모노레일에서 금속 특유의 마찰음이 들렸다. 그것은 인명구조용 기구가 움직이고 있다는 신호였다. 그 소리는 구세주의 손길이나 다름없었다. 두 손을 들어 구조를 요청했다. 두사람이 더 탈 수 있는 공간이 보였다. 그 한 가닥 레일이 그렇게 고마울 수가 없었다.

어설픈 산악인이 맞은 위기는 다행스럽게 막을 내렸지만 그 여운은 내 몸 전체에 추억처럼 남을 것이다. 지금까지 정상을 오르는 내 모습 그대로가 인생항로였다. 거기엔 평지도 있었고

험한 길도 있었다. 등산로 주변 경치에 취해 행복했던 것처럼 순간순간 그런 삶도 살았지 않았던가. 산을 오를 적에는 정상 정복이라는 분명한 목표가 있었고, 축적된 육신의 힘도 있었다. 하지만 하산 길에서는 서두르기도 하고 등산 중에 에너지를 거의 소진해 버려 몸에 무리가 갈 수밖에 없었다. 반환점부터 남은 삶이 더 소중하다는 지혜를 얻은 것이다. 그것이 남은 내 인생 이정표였음을 한라산은 말해 주는 듯하다.

폐왕성 연지蓮池 발굴을 보면서

얼마 전, 폐왕성 안의 연지가 발굴되었다. 일천삼백여 년을 땅속에 묻힌 채로 있다가 문화재 발굴 전문가에 의하여 세상에 그 모습을 드러낸 것이다. 평소 습지 상태로 흔적만을 볼 수 있었던 곳이다. 이곳을 사람들은 '천지못'이라 불렀고, 임금이 즐겨 찾던 연못이라고 했다. 막상 발굴을 하고 보니 그게 아니었다. 그곳에는 스며들어오는 약간의 물기만 보일 뿐 평소 빗물을 저장한 저수조였다. 군사 백 명 정도가 생활할 수 있는 용량으로 추정되었다.

왕이 이곳으로 유배 와서 어떻게 살았는지, 어느 정도 짐작이 되었다. 고려 18대 의종은 비운의 왕이다. 정치는 왕 혼자서 하는 게 아니다. 그 당시 관료사회의 풍조는 문신을 우대하고 무신을 하대하는 그런 구조를 가지고 있었다. 자연히 무신들이 불만을 가질 수밖에 없었다. 군부의 실권자인 정중부 등의 무부들이 황실을 점령하고, 왕을 구금한 연후에 서기 1170년 10월, 당시 둔덕기성(현 폐왕성)으로 유배 조치를 하게 된 것이다.

문화재 전문가에 의한 폐왕성 지표조사 중에 새로운 사실을 알게 되었다. 그동안 알려진 것과는 달리 성곽 기단은 통일신라시대에 최초 축성한 것으로 밝혀졌다. 반면 성벽 부분은 고려시대 축성방식이었지만 다소 조잡한 것으로 조사되었다.

이러한 사실이 의종의 유배와 관련이 있다고 보는 것이다. 인근 현민들이 왕의 피신에 대비하여 기존의 폐성 터 위에 급하게 성을 쌓았다는 말이 되기 때문이다. 또 한 가지는 둔덕면에 소재한 지명을 근거로 그 당시의 생활상을 짐작해 볼 수 있다. 둔덕의 지명은 상둔과 하둔의 둔전을 설치한 데서 유래되었다. 둔전屯田이란 주둔 군사의 군량을 충당하기 위한 농토를 말한다. 이 지명을 통하여 유추해 보면 의종이 군사를 보유하고 있었다는 말이 성립한다. 그리고 폐왕성 아래 농막農幕이라는 마을이 있다. 군사가 주둔하면서 농사를 지었다는 데서 유래한 지명이다. 또 다른 마장馬場마을이 있다. 군마를 길렀다는 데서 유래된 지명이다. 그 외에도 군사가 배치되어 검문하고 자주권을 행사했다는 데서 유래한 자주방이라는 지명도 있다. 망골은 망루를 설치하여 적을 감시한 데서 유래된 이곳의 지명이다. 뿐만 아니라 성 안에는 하늘에 제사를 올렸다는 천제단이 있다.

이와 같이 고려사에 나타난 의종에 대한 기록과 현존하는 당시 지명을 엮어서 보면 왕이 유배 온 것임에는 틀림없다. 그러나 대체로 자유스러운 몸으로 살았다고 보아야 한다. 더구나 이 성은, 의종이 절치부심 군사력을 키워 복위를 준비한 곳이 분명하다. 실제 1173년에 동북면(지금의 경주) 병마사 김 보당이 왕의 복위를 위하여 군사를 일으킨 것만 보아도 그때의 상황을 짐작할 수 있다. 김 보당의 군사는 그 뜻을 이루지 못하고 황궁에서 출정한 이의민에게 패하여 몰살당하고 말았다. 의종은 복위를 위해서 경주로 나갔다가 이의민에게 죽임을 당하였고, 시신은 경주 곤원사 연못에 버려졌다.

이 같은 처절한 역사의 한 토막이 둔덕에 산재한 고려무덤 생성과 연관이 있다. 거제에 있어 고려 무덤은 유일하게 둔덕 땅에서만 두 곳이 존재한다. 고려는 후삼국을 통일한 국가였다. 그럼에도 별도의 고려무덤이라니. 이해가 안 가는 대목이다. 둔덕 땅에 있는 고려무덤을 이해하려면 의종의 역사를 먼저 떠올려야 해답을 찾을 수 있다. 의종이 거제도에 유배된 후 황실 종친을 비롯한 문무백관의 상당수와 왕을 따르는 개성의 백성들이 이곳으로 유입되었으리라 추정된다. 이들은 고려의 수도에서 자의적으로 남하한 사람들이었던 것이다. 왕이 복위되면 환궁할 그날만을 손꼽아 기다리던 사람들이다. 그러나 의종이 뜻을 이루지 못하고 죽임을 당하자 어쩔 수 없이 거제도 둔덕 땅에 머물러 살 수밖에 없었다. 이들은 의종 시해사건으로부터 역사적으로 복위 될 때까지 이십칠 년간을 둔덕 땅에 살았다. 고려무덤은 이곳에서 생을 마감한 사람들의 공동묘지인 것이다.

이처럼 유서 깊은 역사의 현장에서, 발굴을 마친 연지를 넋

잃은 채 바라보았다. 치밀어 오르는 울분을 안으로 삭이면서 두 눈 부릅뜬 의종의 처절했던 생전 모습이 떠올랐다. 연지에서 연꽃 구경이나 하면서 태평하게 세월을 보냈던 의종이 아니었기에 더욱 마음이 아프다.

트럼펫 부는 남자

정남진 리조트에서 올 여름 수필과비평문학의 밤이 이어졌다. 공식적인 행사를 끝내고 각자 숙소로 갔다. 유별나게 잠자리를 가리는 편이라 쉬이 잠들기가 어렵다. 이른 새벽에 밖을 나왔다. 내가 살고 있는 거제는 사면이 바다다. 그러나 이곳은 첩첩 산중이다. 여명이 가까워 오자 불그레한 구름이 동쪽 하늘에서부터 나타나기 시작한다. 바로 그때다. 왼편 물방울 조형물에서 새벽의 적막을 깨트리며 한 줄기 트럼펫 소리가 들려온다. 처음엔 정남진 리조트에서 확성기를 통해서 내보내는 기상나팔인 줄 알았다. 잠시 트럼펫 소리가 멈추었다. 젊은 청년 한 사람이 육성으로 뭐라고 외치는 것이다. 가로등에 비친 그 사람의 손에 트럼펫이 들려 있었다. 그러면서 외친다.

"나는 행복하다. 나는 할 수 있다."

아주 우렁찬 목소리다. 그 목소리에 전율이 느껴진다. 사업에 실패한 사람이 재기를 다지는 외침일까. 뭇사람들에게 용기와 희망을 갖고 최선을 다해 보라는 경구 같은 것일까. 여하튼 신비롭기까지 한 사람으로 여겨진다.

뒤에 그 남자를 만난 어느 문우의 이야기를 들었다. 이렇게 아침마다 자신에 대한 의지를 소리 높여 외치면서 하루를 시작한 이후로 많은 변화가 있었으며 마침내 사업에 성공하는 기적 같은 일이 일어났다는 이야기였다. 나도 그분을 한 번 만나보고 싶었지만 한 발 늦고 말았다. 이렇게 된 데에는 어떤 사물을 대하면서 속단해 버리는 내 나쁜 버릇 중의 하나가 작용했음이 분명하다. 그 물방울 조형물이 어떤 종교시설 정도로 속단한 탓에 처음부터 가보겠다는 생각을 하지 않았던 것이다.

군중심리란 묘한 것이다. 일찍 밖으로 나온 문우들이 그 동산을 오르기 시작한다. 그렇게 꺼림칙하게 생각했던 그곳을 향하여 나도 모르게 걸어가고 있으니 말이다. 그 동산 뒤에 장흥 댐이 위치하고 있음도 비로소 알게 되었다. 그 조형물 역시 장흥 수자원공사에서 물의 귀중함을 알리기 위하여 물방울을 형상화한 것이라는 사실에 부끄러움이 느껴진다.

동산 너머에는 아침 이슬을 머금은 잔디공원이 보인다. 수자원공사에서 조성하였고 장흥 물 축제를 벌인 곳이기도 하다. 거제에서 가없는 바다만을 보고 자란 사람으로서 감회는 야릇했다. 굽이굽이 인공으로 물길을 터서 자연을 눈앞에서 음미하게 하였다. 제법 너른 강이 있었으나 거제 바다에 비할 바가 아니다. 그러면서도 상상의 날개를 달고 어디론가 훨훨 날 수 있게 한 것이다. 이곳 장흥의 물방울이 모여 강으로 흘러가면 언젠가는 남해바다에 닿을 것이다. 그러니 내가 살고 있는 거제 앞바다에도 장흥의 강물이 희석되어 있는 게 분명하다. 결국 물이라는 결정체는 정한 곳 없이 낮은 곳으로 흘러간다. 짜고 탁함을 가리지 않고 뒤섞이기를 좋아한다. 정작 서로 의지하며 살라는 의미를 부여받은 인간들은 동서남북을 지형 따라 갈라 놓고 산다.

사실 내가 정해진 숙소에 들어가 잠을 청하지 못한 것도 이런 연유에서 비롯된 것임을 고백하게 된다. 낯선 사람들 속에서 하룻밤 합숙을 하게 되었기에 말이다. 트럼펫을 불던 그 남자는 일찍 만난 사람들에게 스스럼없이 자기가 걸어온 길에 대하여 이야기를 하면서 마치 오랜 세월 교분을 나눈 지인처럼 대해 주더라는 것이다. 물처럼 마음이 흘러 마음과 정을 트고 사는 그 사람, 직접 만나본 일은 없지만 이제부터라도 그렇게 살아가리라 다짐해 본다.

이른 새벽 동산에 올라 트럼펫 부는 그 남자를 떠올리면서 장흥을 여행한 의미와 무게를 가슴 가득 느낀다.

이틀간의 전쟁

아내가 쌀 포대를 열었다. 순간 바구미가 사방팔방으로 흩어진다. 눈에 대충 들어오는 것만 해도 백여 마리가 넘게 보인다. 전투가 치열한 영화 속의 고대 로마 병정의 모습이다. 이놈들이 기어 나와 숨어버리면 그 다음이 문제가 될 것 같다. 쌀통 속으로 숨어들면 멀쩡한 햅쌀에 알을 낳아 숫자를 불려 나갈 것이기 때문이다. 주방 바닥에 기어 다니는 것들부터 접착테이프로 잡기 시작했다. 하지만 쌀 속에는 얼마나 더 많은 바구미가 숨어 있는지 모를 일이다.

일단 쌀통에서 멀리 떨어진 앞 베란다에 포대를 옮겨놓았다. 넓적한 플라스틱 용기에 쌀을 옮겨 붓자, 이놈들이 쌀 속으로 숨어들어 조용하다. 잠시 그 자리를 떠나 다시 와서 보면 용기 가장자리에 십여 마리가 기어 다닌다.

오늘은 주말이라 집에서 쉬기로 했다. 그런데 눈은 자꾸만 바구미 쪽으로 가고 만다. 누가 시킨 것도 아닌데 저것들을 깨끗이 잡아 없애야겠다는 의무감이 생겼다. 나의 작전은 기어 나오는 것을 잡는 것이 아니라, 쌀 속에 숨은 놈들을 찾아내어 짧은 시간 내에 승부를 결정지을 심산이었다. 쌀 무더기를 손바닥으로 뒤적거렸다. 순간 숨어 있던 바구미 몇 마리가 보이는가 싶더니 어느새 쌀알 틈새로 사라지고 만다. 슬슬 오기가 발동한다. 장난감 가지고 노는 어린애처럼 거기에 점점 빨려 들어갔다.

이놈들이 쌀알 사이사이에서 숨을 죽이고 나를 지켜보고 있는 듯하다. 소인국에 나타난 거인처럼 내가 무섭게 보일 게다. 이놈들의 생태를 관찰하던 중에 미물들도 살아남는 방법과 본능적 전략이 있음을 알게 되었다. 주위가 조용하다 싶으면 몇 마리씩 기어 나와 어디론가 달아나곤 한다. 그러다 인기척을 느끼면 용기 언저리를 타고 오르다 말고 툭 떨어져 쌀 위에서 죽은 척한다. 이럴 때 집게손가락으로 건드리면 쌀 틈새로 빨려 들어간 듯 순식간에 사라지고 만다. 어쩌다 잡힌 놈은 죽은 시늉을 하고 미동도 하지 않는다. 매끄러운 용기를 타고 오르던 그 억센 다리를 몸 어딘가에 감춘 채 모래알만 한 이물질처럼 보인다. 비록 미물들의 방어본능이라고 말할 수 있지만 인간 사회의 한 단면을 보고 있는 듯하다.

이놈들을 잡는 족족 죽일 수밖에 없다. 처음엔 잔인한 짓거리 같았으나 이내 손끝에서 죽어나가는 것이다. 바구미의 주검이 베란다 바닥에 어지럽게 널리기 시작하면서 약간의 피로가 몰려

왔다. 결코 쉽지 않은 싸움이다.

전쟁이 한창인 때에 뜻을 같이하는 동지가 생겼다. 어디에서 왔는지 깨알 같은 개미들이 모여 들기 시작했다. 어느새 죽은 바구미를 물어 나르는 개미들은 대열을 갖추고 있었다. 순간 미물들의 본능적인 동작임에도 고마운 마음이 들었으니 이런 내 심사를 알 수가 없다. 그만큼 외로운 전쟁을 치르고 있다는 반증이기도 했다. 하지만 그것은 일시적 착각이었다. 개미 또한 집안에서는 퇴치해야 할 대상이 아닌가. 이렇게 보면 나에게는 아군이 없다. 전투대형을 개미에게로 향했다. 무슨 원한 맺힌 사람처럼 손가락 끝으로 꾹꾹 눌러 죽였다.

완벽하게 다 잡았노라고 아내에게 종전 선언을 했다. 주부의 지혜에 비추어 보면 아무래도 한 수 아래인 것 같다. 아내가 쌀을 쌀통으로 옮길 기미가 보이지 않는다. 틀림없이 다 잡았다고 장담까지 하였지만 아내는 내일까지 두고 봐야 한다는 것이다.

일요일 아침이다. 일찍부터 앞 베란다에 있는 쌀을 살폈다. 그 촘촘한 수색망을 뚫고 살아남은 놈이 꿈틀거리고 있었다. 아내의 짐작이 맞아떨어졌다. 어쩔 수 없이 소탕작전은 다시 계속되고 말았다. 이틀간의 바구미와의 전쟁은 일요일 낮이 되어서야 끝이 났다.

지난해 늦은 가을쯤인 듯하다. 어느 지인으로부터 두 포대의 쌀을 산 적이 있었다. 그 사람들 말로는 무공해 쌀인데다 이익금 전액을 무슨 행사 비용에 충당한다기에 포대 당 시중가격보다 오천 원을 더 주고 샀다. 좋은 쌀을 사 왔다고 아내에게 은근히 자랑도 했다. 이미 집에는 반 가마 정도의 쌀이 남아 있었기에 여러 달을 묵히기는 해도 그 쌀 포대 안에서 바구미가 생길 것이라곤 상상도 못했다. 아내가 무슨 도통한 사람처럼 한마디 한다. 처음부터 해묵은 쌀이라서 바구미가 생겼다는 것이다. 그게 사실이라면 보통 기분 나쁜 일이 아니다. 속았다는 것이 불쾌하기도 했지만 이 세상에는 믿을 만한 구석이 없음에 속이 상했다.

그래, 내가 너무 사람을 믿어 생긴 일이니, 바구미는 깨끗이 잡아야지, 하는 의무감이 발동한 이유였다. 경위야 어떻게 되었든 이틀간의 바구미와의 전쟁은 끝났다. 끈질긴 승리자는 바로 나 자신이 아니던가.

그런데 개선장군의 마음이 왜 이리도 개운치 않을까. 미물이지만 작은 전사자의 주검을 보는 것도 그렇고. 무슨 구원舊怨이 있었던 사람처럼 이틀간의 전쟁을 치른 나 자신이 우습기도 하다. 우리 가족의 식량을 넘본 바구미에 대한 응징보다 내 영역을 침범한 것들을 몰아내려는 동물적 본능에 이끌린 것은 아니었는지, 씁쓰레한 느낌을 지울 수 없다.

은행나무의 변辯

작은 씨앗 하나 떨어졌지. 그 씨앗이 자라 큰 나무로 변했어. 여기 마을사람들 만큼이나 내 삶도 고난의 역사였지. 따스한 봄볕 아래 행복은 순간이었고, 이어서 무더위며, 비바람, 강풍, 모진 추위가 해마다 괴롭혔지. 언제부터인가 마을의 안녕을 책임져야 한다는 의무감이 생기더군. 온 팔을 벌려 그늘을 지어도 주고, 사력을 다해 강풍과 추위를 막았지. 오랜 세월, 마을사람들과 한 하늘 아래 산 탓일까. 수호신으로 불러주는 노인네들이 많아. 오늘은 내 나이테에 새겨진 마을사람들의 애환을 들려주고 싶어.

어느 날 개구쟁이 녀석이 앙증맞은 가방을 내 팔에 걸어 놓고 어딘가 가 버리더군. 얼마 안 있어 제 어미한테 붙들려 왔어. 가방을 낚아채 가면서 애비 닮아 그런다고 야단이더군. 애들은 다

그러면서 자란다고 말하고 싶었어. 어떤 여중생은 학업 성적이 점점 내려 갔나봐. 요즘 들어 집중도 잘 안 된다면서 내 등 뒤에 숨어서 어찌나 흐느끼던지. 무언가 제 뜻대로 안 된 청년은 술 냄새를 푹푹 풍기며 애꿎은 내 가슴을 억센 주먹으로 때리면서 분풀이를 하더군.

세상 따라 그런지 요즈음 젊은 부부들은 너무 쉽게 만나고 헤어지는 게 탈이야. 한번 부부의 연을 맺었으면 잘 살아야지. 자식까지 낳고 살던 사람이 헤어지다니. 서로 좋아서 만난 게 분명한데 살면서 싫어지더란 말인데, 너무도 무책임하다는 느낌이 들었어. 어린 자식들의 장래를 생각이나 하는지.

한 노인네가 퍼질러 앉더니 차가운 등을 내 가슴에 기대더군. 마실 나간 며느리는 점심때가 되어도 오지 않았어. 주린 배를 움켜쥐고 며느리를 기다리면서, 먼저 간 할멈 생각이 간절했나봐. 힘없는 눈가에서 주르륵 눈물이 흘러내리더구나. 가난을 한탄하며 울먹이는 어느 아낙, 먼 길 떠나는 남편을 배웅하는 새벽 달빛에 젖은 새댁의 눈물, 자식 위한 늙은 어미의 애절한 기도, 그런 모습들을 보면서 애처로움에 눈물지은 날도 많았어.

살다보면 이웃간에 서로 부딪힐 때가 오죽이나 많았겠어. 그럴 때 보면 난 사람과 못난 사람의 차이를 느끼게 돼. 하루해가 저물기 전에 서로 화해하는 사람이 있는가 하면 그렇지 못한 사람이 있어. 심지어. 한 세대가 지나고 후대에까지 앙금을 전하고 가는 사람을 보았어. 사람이 왜 그렇게 덜 되었는지 모르겠어. 생전에 풀고 가야지. 후대에까지 유언처럼 전하고 가면 어쩌라는 건지. 마을 뒷산을 봐, 무덤은 자꾸만 늘어나지 않는가. 다들 죽게 되어 있어. 그러면 저승에서 만날 건데. 거기서도 싸울 거야.

어제는 백수白壽 노인이 영원히 마을을 떠나더군. 빈손으로 말이야. 많은 자식들이 있으나 무덤 안으로 한 사람도 따라가는 이 없더구나. 그 것 봐, 처음부터 나 혼자였던 거야. 부모님 몸을 빌려 잠시 이 세상에 왔다가 흙으로 돌아가는 게 인생이거든. 그러니 너무 욕심 낼 것도 없어. 뒤늦게 후회하지 않을 만큼 살면 되는 거야. 그러면서도 남의 가슴 아프게 하지 말고, 악연은 맺지 말아야 해. 이 세상 태어나면서 처음부터 정해진 나쁜 사이 있던가. 모두가 살면서 내가 저지른 잘못인 게야. 알고 보면 모두 내 탓이란 말이지.

이제 가을이 오려나 봐. 밤에 내린 찬이슬, 삽상한 바람, 높은 하늘을 보면 알지. 하늘이 내려준 황금색 옷을 잠시 입어보고 떠날 거야. 부귀영화도 일장춘몽一場春夢일세.

곡우바람

창밖에서 콩 볶는 소리가 난다. 곡우바람이다. 해마다 곡우를 전후해서 불어오는 바람이기에 우리 집안에서는 그렇게 부르고 있다. 곡우바람은 으레 비를 동반하고 있어 봄 가뭄으로 메마른 대지에 생기를 불러일으킨다. 폭풍이 지나고 난 다음 날 산야를 보라, 이 비바람을 경계로 봄빛은 확연하게 다른 모습으로 변한다. 녹음이 짙어지고 실개천 가득 물이 흐른다. 그 바람 속에는 아버지처럼 엄하면서도 어머니 같은 자애로움이 느껴진다.

바람에도 종류가 있다. 실바람에서부터 태풍에 이르기까지 수많은 바람이 있다. 그러나 엄연히 자연계에 존재하면서도 이름 하나 제대로 올리지 못한 바람이다. 그러면서도 찬 기운을 완전 몰아내고 삼라만상을 깨우는 위력이 있는 바람이다. 올해도 어김없이 불어 닥친 곡우바람. 청운의 뜻을 품고 지상으로 내려와 이것저것 서둘다가 꿈을 이루지 못한 풍운아의 넋이던가. 아니면 혈기 방장한 무명용사의 넋이던가. 가시지 않은 찬 기운에 주눅이 든 대지에 강림하여 우레 같은 소리로 일깨운다.

드라마에 있어 한 장면의 시각을 가능한 짧게 구성한다. 그렇게 하는 이유는 시청자를 지루하지 않게 함이다. 일 년을 다시 사계절로 나누어 변화를 준다면 곡우바람은 드라마에 있어 수초數秒에 해당한다. 사계에 변화를 주어 지루하지 않게 하기 위함인가. 벚꽃은 꽃비가 되어 가지를 떠나고, 진달래도 시들기 시작한다. 이제 야산에서부터 철쭉이 그 자리를 대신한다. 비로소 신록의 계절이 시작되는 것이다. 농부들은 농사 준비에 바쁘다. 모내기를 위해서 미리 논바닥을 고르며 두렁 가득 물을 실어둔다. 이처럼 곡우바람은 겨우내 게을러진 농부를 논밭으로 내몰기도 한다.

바다를 향해 파도를 일으킨다. 오가는 배들은 아슬아슬하게 항해를 한다. 물속에 잠기는 듯하다가도 위로 솟구치기를 반복하며 힘겹게 나아간다. 육지에서 이를 바라보는 사람들도 손에 땀을 쥐게 한다. 산을 훑고 지나는 바람소리는 날카롭기 그지없다. 굶주린 짐승들의 울부짖음처럼 들린다. 그럼에도 곡우바람은 자연계나 사람 사는 곳에 전혀 피해를 남기지 않는다. 날이 개면 하늘은 더욱 맑고 공기는 청정하다. 가슴속의 찌든 때까지 모두 걷어가는 듯 상쾌할 뿐이다. 실바람처럼 가늘지도 않고 태풍처럼 온갖 것을 파괴하지도 않으면서 새로운 세상을 만들어가는 것이다.

다음 날의 가로수는 더욱 의젓해 보인다. 가로수만이 아니다. 이른 봄 골안개를 덮고 누웠던 산마다 기지개를 켠다. 짙은 연둣빛으로 변해가는 숲의 신록은 경이롭기 그지없다. 숲 속의 나뭇가지마다 탄탄한 기운이 묻어난다. 머지않아 찾아올 무더위와 태풍에 맞설 힘찬 기운으로 느껴진다. 온실에서 자란 식물들처럼 허약하면 살아남을 수 없음을 곡우바람은 일깨워 주는 듯하다.

앞을 나아가지 못하고 정체되었을 때 갈증 같은 것을 느낀다. 그것이야말로 우리 내면에서 일기 시작하는 변화의 욕구일 것이다. 그렇지만 모든 것을 새롭게 하고 싶은 욕망은 삶의 파괴를 불러오기 쉽다. 반대로 마냥 우유부단하기만 하면 앞으로 나아가지 못한 채 한곳에 머무르고 만다. 너무 가늘거나 억세지 않는 곡우바람처럼 세상 변화도 그랬으면 좋겠다.

해마다 어김없이 찾아오는 곡우바람. 현실에 안주함이 결코 행복이 아님을 알게 하고 산야의 풍경이 달라지듯이 그렇게 변화를 맞아야 한다는 세상 이치를 말하려 함인가. 곡우바람의 모습으로 멋진 인생을 살아야겠다.

2부 ••• 어머니의 사립문

달빛을 받아 초가지붕 위의 박꽃이 더욱 희고 소담스럽던 밤. 그 신비스러운 공간으로 별빛과 반딧불이가 어우러져 불꽃놀이를 하던 밤.

아버지의 다랑논

고향집 뒷산 자락에 다랑논이 있었다. 아홉 식구의 명줄이 걸린 논이었다. 다랑논은 인력과 수력獸力만으로 농사를 지을 수 있었다. 그래서 헛간에는 아버지의 손때 먹은 농기구가 가득했다. 다부진 체격의 아버지였지만, 오랜 다랑논 일에는 당해 낼 수가 없었다. 제초제가 없었던 시절, 아버지는 다섯 두락 논에 엎드려 손으로 김매기를 하였다. 애벌매기부터 시작되는 김매기는 모두 세 차례까지 이어졌다. 아버지의 손발은 극젱이처럼 닳았다. 허리는 구부정한 모습으로 변해 가고, 손마디는 대나무 뿌리처럼 굳어 있었다.

그 다랑논이 황무지로 변해버린 지 오래다. 거기엔 무성한 억새와 아까시 같은 잡목이 자리를 잡고 있다. 아버지 가신 지 벌써 삼십이 년의 세월이 흘렀다. 행여 땅강아지란 놈이 물구멍을 낼까 살피시던 논두렁을 보면 더욱 가슴이 아려온다. 진정 농사꾼은 논두렁 관리를 잘 해야 한다고 믿어온 아버지다. 산간지 다랑논일수록 논두렁을 잘 살펴야 했다. 이곳은 천수답이기 때문에 물이 귀한 곳이다. 한 방울의 물이라도 새어나가지 못하게 해야 했다. 그러기 위해서는 논두렁 풀을 자주 베어 쉽게 관찰할 수 있도록 해야 하는 것이다. 아버지의 땀방울에 젖었을 그 논두렁은 여러 군데가 허물어져 있었다. 인적이 끊어진 논두렁 길은 사람 키만큼 자란 쑥부쟁이 같은 잡풀이 가득하다. 당신이 애오라지 지켜온 다랑논은 옛 모습을 찾을 수 없다.

그래도 논두렁을 받친 돌덩이들은 온전한 상태로 있다. 당신의 정열과 수고로움이 배어 있는 현장이다. 오랜 세월을 말해주듯 돌덩이 표면에는 까만 이끼가 덕지덕지 붙어 있고 틈새마다 이름 모를 잡목이 뿌리를 내리고 있다. 팔다리에서 흐른 피가 응고되어 있을 돌덩이들이다. 이처럼 다랑논은 아버지의 한이 서린 곳이기도 하다. 서걱서걱 마른 억새 잎을 흔들며 을씨년스러운 한 줄기 바람이 지난다. 두 눈 부릅뜨고 팔다리에 힘줄이 불끈 솟은 아버지의 환영이 영화필름처럼 선명하다.

우리 집에는 그 당시 가진 논이 전혀 없었다. 아버지는 가족들에게 이 점을 미안해 했다. 어느 날 아버지는 할아버지로부터 물려받은 비탈산을 일구어 다랑논을 만들기 시작했다. 곡괭이로 큰 돌을 파내고, 지렛대로 그것을 굴려 논둑을 만들었다. 아버지의 팔다리에선 저절로 말라버린 까만 피딱지며, 진하게 배인 흙 냄새도 풍겼다. 그래도 오늘 논배미 하나가 더 늘었다며 기뻐하시던 아버지의 환한 모습을 잊을 수가 없다.

매일같이 다랑논을 일구던 아버지는 무슨 생각을 했을까. 식솔을 먹여 살려야 한다는 절박한 삶이 힘을 준 것일까. 오랜 선상생활 중에 처자식을 돌보지 못한 미안함을 속죄하신 것일까. 내가 가정을 이루고 가장이 되었을 때, 아버지의 마음을 조금은 알 것 같았다. 가장으로서 가족 사랑과 피할 수 없는 의무감이라는 것을.

사계절을 가리지 않고 일군 아홉 논배미를 합치면 모두 다섯 두락이 되었다. 아버지가 삼 년 세월을 일군 농토였다. 변변한 농로조차 없었던 때에 거름 가득한 바소쿠리를 지고 하루에도 수 없이 다랑논을 오르내린 아버지였다. 다랑논에서 얻은 햅쌀로 조상께 메를 올리던 추석날 아침, 아버지는 감회에 젖어 잠시 눈물을 보였다. 온 가족이 숙연해졌다.

그처럼 애지중지하던 다랑논 두렁 위에서 아버지를 추억한다. 아버지의 탄식 소리만 귓전에 들려오는 듯하다. 아버지의 혼이 배인 다랑논을 생각하면 누군가 농사를 지어야 한다. 그러나 누가 저 다랑논을 다시금 갈아엎고 농사를 지을까. 아무도 나서는 사람이 없다. 농사를 대신 지을 사람도 없다. 트랙터 영농이 불가한 곳은 엄두를 낼 수 없기 때문이다. 한 시절, 아버지가 일군 다랑논으로 어린 자식들이 깃을 다듬고 힘을 길러 날갯짓을 했는데, 지금은 아무도 가꾸지 않아 황량하기만 하다. 빈 둥지 같은 다랑논이다. 논둑을 받친 돌덩이에 붙은 검은 이끼가 아버지의 팔다리에 말라붙은 피딱지로 보여 가슴이 아프다.

이곳에 서면 사무치는 그리움에 눈앞이 흐려진다. 해 저무는 두렁길. 청개구리와 맹꽁이가 갈 길을 재촉하는 양 시끄럽게 울어댄다. 비로소 허리를 세우고 담배 한 대를 피우시는 아버지. 바소쿠리 가득 농기구를 짊어지고 집으로 향한다. 걷어 올린 바짓가랑이엔 설마른 흙덩이가 주렁주렁 달려 있고 햇볕에 그을린 팔다리엔 논흙이 하얗게 말라붙어 있었다. 그런 아버지의 모습을 보면서 가슴 아파했던 추억. 언제나 아버지의 수고로움을 덜어 드릴까, 안타까운 마음에 고개를 떨어뜨린 채 소를 몰던 나의 모습도 함께 그려진다.

사라진 할미꽃

첫 손주 출생 예정일이 한 달 앞으로 다가왔다. 정색을 한 아내의 주문이 늘어나기 시작한다. 사실 새 생명의 출생은 성스러운 일이다. 더군다나 친손주를 보게 되는 일인지라 더욱 기다려지고 마음 설레는 일인 것이다. 그러니 달리 토를 달 수 없다. 지금부터 온 가족이 조심하자는데 무슨 반론이 있을 수 있겠는가. 좋아하는 낚시 금지령을 시작으로 상가에 조문도 가지 말며, 짐승 잡아 피 흘리는 것을 봐서도 안 된다는 것이다. 모두가 근신하고 경건한 마음으로 새 생명의 탄생을 바라는 마음이야 아내와 다를 바 없다. 그러니 그 말뜻대로 순종할 수밖에.

목련꽃이 빛바랜 흑백사진처럼 변해가는 어느 날, 지인이 죽순을 캐러 가잔다. 아직 때가 이르기는 하지만 양지바른 곳에는 약간의 수확을 기대할 수 있다는 설명이다. 난생처음 죽순을 캐게 된다는 기쁨에 더하여 봄이 무르익는 향취를 느끼고 싶어 선뜻 따라나섰다. 대나무 숲으로 이어지는 밭두렁 길은 옛 향수를 느끼기에 충분하였다. 길섶에는 쑥이며 머위며 달래가 가득하다. 어린시절부터 눈에 익은 것들이다. 이 모두가 이름 모를 잡초와 섞여서 진한 향내를 뿜어내고 있다. 사람의 심리란 참 묘하기도 하다. 눈으로 즐기고 후각으로 만끽했으면 그만이지 싶은데 그게 아니다. 머위도 쑥도 달래도 캐어가고 싶은 욕망이 슬그머니 고개를 든다. 순간 혼쭐을 놓은 사람마냥 그렇게 빨려 들어가는 내 자신을 발견할 수 있었다. 그러나 지금은 죽순을 캐러 온 것이다. 잠시 욕심을 내려놓고 봄날의 정취를 느껴보는 것으로 만족해야만 했다.

대밭에 거의 다 왔을 때다. 널찍한 무덤이 보인다. 무덤 한가운데에도 할미꽃, 무덤 가장자리에도 할미꽃, 요즘은 야생 할미꽃 보기가 쉽지 않은데 여기저기 피어 있다. 그렇잖아도 할미꽃을 구하면 화분에다 키울 생각이었는데 그 소원이 한꺼번에 이루어지게 된 것이다. 죽순 캐는 데 쓸 괭이로 무덤 멀찍이서 자란 할미꽃 세 뿌리를 파서 비닐봉지에 담는 일부터 했다. 예상대로 때가 일러 죽순은 몇 개 정도만 캘 수 있었다. 그러나 할미꽃을 갖게 되어 선물 받은 것처럼 기분 좋은 날이 되었다.

정성들여 화분에 심어 놓고 할미꽃을 바라본다. 정말 아름다운 꽃이다. 수줍은 듯 다소곳이 살짝 고개 숙인 꽃. 작은 튤립 같은 생김새로 짙은 자주색 꽃잎을 하고 그 속에 가려진 노란

꽃술이 참 조화롭다. 그런데 할미꽃을 가까이서 관찰하면서 내가 몰랐던 자태 한 가지를 더 발견하게 되었다. 그것은 잎에서부터 줄기에 이르기까지 덮인 아주 미세한 은색의 솜털이었다. 그 솜털을 밀치고 청잣빛 색상이 은은하게 잎과 줄기에서 투영되어 나온다. 이렇게 할미꽃 감상을 즐기면서 한 가지 계획을 떠올렸다. 앞으로 이것을 더 많이 번식시켜서 친지들에게 선물해야겠다는 생각을 하기에 이른 것이다.

화분에 할미꽃을 심은 지 사흘째 되는 날이다. 퇴근하여 가방을 거실에 내려놓자마자 앞 베란다로 갔다. 할미꽃 생육상태를 살피기 위함이다. 그런데 이게 어디로 간 걸까. 감쪽같이 사라지고 없다. 아내가 물을 주기 위해 다른 장소로 옮겼는가 싶어 베란다 구석구석을 살폈으나 보이지 않는다. 혹시나 싶어 뒤 베란다까지 찾아보기도 하였으나 허사였다. 누가 가져갔거나 내버린 게 분명해 보인다. 잠시 후에 아내가 왔다.

"여기 할미꽃 어디 두었어?"

"아파트 쓰레기 집하장에 버렸어."

하도 어이가 없어 아내의 얼굴을 멍하니 바라보았다. 침묵의 시간이 수초간 흘렀다. 얼굴엔 화가 잔뜩 서려 있었을 것이다. 그런데 잘못을 저지른 아내의 얼굴에서 심상찮은 기류가 흐른다. 아차 하면 전면전도 불사하겠다는 단호한 결의가 엿보인 것이다. 아내는 내가 애지중지하던 꽃을 내다버릴 적에는 그만한 각오를 한 것임이 틀림없다. 대충 짐작 가는 바가 있다. 일전의 주의사항이 뇌리를 스쳤기 때문이다. 그렇다면 화를 가라앉히고 사연을 들어보는 게 순서다.

아내가 밖에서 친구를 만났단다. 다들 출산과 산후조리하는 과정에서 있었던 에피소드를 쏟아낸 모양이다. 그중에 한 가지가 지금 우리 집에서 이루어진 일과 흡사하다는 것이다. 할미꽃은 주로 무덤가에 있는 꽃이니 이것을 채취하여 집으로 옮겨 심은 일이야말로 불안하고 마음이 편치 않은 일이라는 것. 더구나 손주의 출생 예정 달에 이 무슨 불경스러운 짓거리를 한 거냐는 것이었다. 그래서 남편한테 호되게 당하는 한이 있어도 즉각 조치를 해야겠다는 아내의 과감한 결단임을 알게 되었다. 이쯤 되면 할 말이 없다.

할미꽃은 나를 원망하고 있을 것이다. 언제 그 꽃이 우리 집에 간다고 한 적이 있던가. 그저 아름다움에 이끌려 집으로 가지고 가야겠다는 일방적 내 욕심일 뿐이다. 아내는 내가 가져온 이 꽃을 불경스럽다며 아무런 상의도 없이 내다버렸으니 인간의 야릇한 심사 앞에 할미꽃은 오죽이나 서럽겠는가. 우리 집에 온 이후로 며칠 동안 정을 쏟았건만 지금은 한갓 쓰레기 무덤 속에서 죽어갈 그 할미꽃이 가여워 가슴이 아프다. 과욕이 애꿎은 할미꽃만 죽이는 결과를 초래하였으니 내가 지은 죄가 크다. 속죄의 길도 없어 보인다. 자연에서 잘 자라고 있는 꽃나무를 탐내지 말아야겠다. 이렇게 다짐하는 것으로 속죄를 대신했다.

장마

며칠을 두고 비가 내리더니 주말까지 이어진다.

속절없이 영어囹圄의 몸이 되고 말았다. 하염없이 창밖을 내다본다. 화단의 여섯 살배기 목련은 아파트 이층 높이까지 자랐다. 금년에 새순이 오른 목련가지는 센 빗줄기를 견디기 힘 드는지 고개를 꺾고 축 늘어졌다. 땅속에서 살아야 할 지렁이 한 마리가 길섶에서 꾸물거리고 있다. 청개구리란 놈은 무얼 그리 보고 싶은지 아파트 베란다 방충망에 달라붙어 거실을 기웃거린다. 베란다의 화초들도 햇볕이 그리운지 힘이 없어 보인다. 민달팽이란 놈이 화분 사이로 느릿느릿 기어간다. 이놈들도 무료하기는 매한가지인가 보다.

장마 통에는 세월이 빠르다는 느낌이 없다. 모든 일상이 무디어지니 말이다. 아마도 우리 민족이 '빨리 빨리'를 입에 달고 살게 된 것도 사계가 뚜렷한 기후 탓인 듯하다. 내 어릴 적 아버지는 자식들에게 잠자리에서 일어나는 일도 빨리, 걷는 일도 빨리, 농사일도 빨리라는 말을 습관처럼 하셨다. 지금에 와서 생각해 보면, 아버지가 성정이 급하셔서 그런 게 아님을 알게 된다.

적기에 보리 수확을 하지 않으면 곧이어 닥칠 장마에 모두 썩히게 될 것이 뻔하다. 그런 이유만이 아니다. 보리를 심었던 논밭을 제때 갈아엎어야 고구마를 심고, 잡곡 씨앗도 뿌릴 수 있다. 그보다 가장 중요한 쌀농사는 어떠한가. 하지夏至 안에 모내기를 마치지 못하면 하루에 일 할씩 감수減收가 된다고 하니 얼마나 조급한 상황이었겠는가. 그러니 자연스레 '빨리 빨리'가 체질화 되었지 싶다.

서둘러 하지 안에 모내기를 마치고 나면 바로 우기에 접어든다. 이 기간이 장마다. 짧게는 이십여 일 길게는 한 달 이상 가기도 한다. 이 기간에는 정서적으로 우울해지기도 하지만 육체적으로는 긴장이 풀어진 상태다. 낮잠도 자고 무언가 주전부리라도 하고 싶은 날이 많다. 어머니가 밀 부침이며 빼데기(거제도 방언으로 고구마 썰어 말린 것)를 유월 동부와 함께 푹 삶아서 간식으로 내주기도 하셨다.

어느 일요일 낮엔 숙제를 하다 깜빡 잠이 들어 형들의 놀림감이 된 적도 있다. 전기도 없고 시계도 없던 시절인지라 잠에서 깨어나면 저녁인지 다음날 아침인지 분간이 가지 않았기 때문이다. 잠에서 헤어나지 못해 멍해진 나에게 형들이 다그치기 시작했다. 학교 갈 시간이 많이 늦었다며 재촉해대는 것이다. 허겁지겁 책 보따리를 챙겨 밖을 나서면 뒤에서 들려오는 형들의 웃음소리가 요란했다. 속았다는 사실을 알아차리고 멋쩍게 되돌아오던 추억. 이런 추억이 장마기엔 서려 있다.

올해도 어김없이 장마가 찾아왔다. 육당 최남선 선생이 남긴 <혼자 앉아서>라는 시조가 절로 읊조려진다.

가만히 오는 비가 낙수 져서 소리하니
오마지 않은 이가 일도 없이 기다려져
열릴 듯 닫힌 문으로 눈이 자주 가더라.

주룩주룩 내리는 빗줄기를 하염없이 바라보고 있노라면 문득 먼 곳에 살고 있는 고향친구들이 보고 싶어진다. 별로 할 이야기도 없으면서 전화기를 든다. 목소리 한번 듣고 싶어서다. 여성들은 몇 시간 수다를 떨어도 할 말이 남아 '나 지금 바쁘니 오늘 못한 이야기 내일 만나서 하자.'며 마지못해 수화기를 내려놓는다는데, 정말 부러운 생각이 든다. 아무래도 이런 감성의 소유자라야 소설가가 되지 않을까 싶다. 친구도 이심전심으로 느끼는 모양이다. 그 짧은 안부전화 끝에 무슨 일로 전화했냐며 되묻지를 않으니 말이다. 꼭 용건이 있어서 전화를 하는 사이라면 진정한 고향친구라 볼 수 없다는 게 내 생각이다.

장마는 모든 일상을 무료하게, 행동은 느리게 만든다. 모내기 이전까지 '빨리 빨리'에 익숙한 유전인자를 느긋한 상태로 변형

시키는 반대 인자인 것이다. 지나온 세월을 되돌아보게 하는 여유를 주기도 한다. 먼지 쌓인 고전을 찾게도 하고, 흑백사진이 가득 들어 있는 앨범을 들춰보며 웃게도 하고 눈물짓게도 한다. 그동안 주말이면 몇 군데를 다녀오던 결혼식장에도 갈 일이 없어진다. 낚시며 등산이며 산책이며 야외에서의 레저활동을 멈추게 하니 장마의 위력이 대단하긴 한가 보다.

젊은 시절 앞만 보고 달려온 세월을 생각하면 숨길이 가빠진다. 과거로 되돌아가 다시 그렇게 살라 하면 자신이 없다. 인생살이 말년 초입에 이르렀으니 여유를 찾고 세상을 관조해 보는 일도 참살이가 아니겠는가. 장마 통에 느릿느릿한 생물들이 눈에 자주 띄는 것도 모두 그런 의미를 주고 있다. 장마기에는 시간의 흐름도 더디고 하루가 길게만 느껴진다. 너무 서두르지 말고, 그동안 걸어온 발자취를 되돌아보며 여유롭게 살라는 하늘의 뜻일 게다.

화엄사에서

구례 화엄사를 찾았다. 사찰 외곽 주차장에 차를 세우고 문을 열자 후끈 열기가 느껴진다. 나뭇가지도 무더위에 지쳐 힘없이 축 늘어졌다. 골짜기를 가득 메운 매미소리마저 더위에 항거하는 듯하다. 이런 더위에 사찰을 둘러보기란 여간 고역이 아니다. 더위가 한풀 꺾이면 경내로 들어가기로 하고 서둘러 계곡으로 내려갔다. 길게 형성된 계곡은 물놀이 인파로 왁자지껄하다. 물가에 앉아 발을 담가 보았다. 얼마나 더운 날인지 계곡물이 미지근하다.

정오가 가까워올 즈음, 계곡 안은 불어나는 인파로 들끓었다. 여기가 속세고, 눈앞에 보이는 저기가 사찰이다. 사찰에는 정적이 흐르는데 여기는 인파의 열기로 소란스럽다. 행복에 취한 중생들인지, 삶의 멍에 때문에 고통 받는 아우성인지 알 길이 없다. 멀리서 독경 소리, 목탁 두드리는 소리가 평화롭게 들려온다.

매미소리가 한결 시원하게 계곡을 채운다. 발등을 간질이며 부드럽게 흐르는 계곡물이 좋다. 돌 틈에서 발원한 물줄기가 예사롭지 않다. 화엄사 독경소리를 가득 담아 구불구불 휘돌아 모여든 물줄기다. 물은 언제나 겸손하여 높은 곳에서 낮은 곳으로 흐른다. 유독 사람만이 낮은 도시에서 높은 산으로, 계곡으로 가기를 좋아한다. 이것이 중생들의 참모습인지, 무지의 소치인지 알지를 못한다.

이어지는 계곡물은 유유히 흐르면서 속삭인다. 흐르는 물처럼 순리대로 마음 편하게 살라 한다. 때 되면 품은 뜻을 이룰 것인데, 사람들은 그 이치를 따르려 하지 않는다. 가만히 계곡물에 발을 담근 채 삶의 의미를 되짚어 본다. 나 또한 남들과 다를 게 하나도 없는 사람이다. 불가에서 말하는 중생 중의 한 사람일 뿐이다.

어찌 중생이 고민이 없으랴. 오늘 내가 화엄사를 찾게 된 데도 연유가 있다. 팔순을 넘은 어머니에 대한 용서를 구하기 위함이다. 천지신명의 가호로 자식들을 지켜내기 위해 온갖 정성을 쏟은 어머니의 심중을 헤아리지 못하고 그것이 미신이라며 사사건건 대항하여 마음을 아프게 했던 일들이 지금은 마음속 무거운 짐이 되었다. 그 짐을 어머니가 몇 번 다녀간 화엄사에서 홀가분하게 벗어던지고 싶었다.

어머니는 돌무더기, 성황당 고목, 돌부처, 용왕당, 산신당, 대웅전 등 어디든 기도드리지 않은 곳이 없었다. 심지어는 명절날 아침 장독대에 제상을 차려 놓은 채 앞산을 바라보며 이십여 분 동안 축원하는 모습을 보며 자랐다. 배고파 죽겠는데 왜 그러느냐고 물으면, 다 자식들 위한 일이라고만 했다. 많은 자식, 발길 안 닿는 곳이 어디 있겠는가. 그러니 자식들이 어디를 가든지 굽어살펴 달라고 천지신명께 부탁을 드린 것이다. 그런 어머니의 심정을 그때는 헤아리지 못했다. 미신이라며 창피스럽다고 대들기만 했지, 조금도 이해하려 하지 않았다.

알게 모르게 어머니 가슴에 상처를 안긴 일을 속죄하기로 마음먹었다. 기와불사도 하고 대웅전에서 삼배도 올렸다. 내 진심이 어머니께 전해지도록 간절한 마음으로 절을 올렸다. 이렇게 해서라도 용서를 구하고 싶었다. 그래서 조금이라도 마음의 짐을 벗고 싶었던 것이다. 그러나 기대와 달리 마음은 더 무거워만 진다. 왠지 그런 내 모습이 또 다른 욕심덩어리 같다는 생각이 들었기 때문이다. 지은 죗값을 몇 마디 축원으로 때우고 훌훌 털고 싶다는 것이 욕심이 아니라면 무엇이란 말인가.

정말 신에게 빌면 지은 죄가 소멸되는 것일까. 아무리 곱씹어 봐도 그건 아닌 것으로 생각이 정리된다. 한번 지은 죄를 어떻게 용서 받는단 말인가. 그것은 반성이며 참회일 뿐이다. 만약 내가 지은 업보를 용서받고 소멸할 수 있는 통로가 여기라면, 또 다른 잘못의 시작도 여기라는 생각을 한 것이다. 앞으로 어떤 잘못을 저질러도 여기 와서 빌면 된다는 도덕적 해이만을 불러오지 않을까. 생각의 흐름이 여기에 미치니 마음이 무거울 수밖에 없다. 그러다 번개처럼 스치는 내 안의 소리를 들었다.

사람이 짐승과 다른 점이 있다면 잘못을 되풀이하지 않는 일도 될 것이다. 여생이나마 마음 편하게 모시면 된다. 당신의 자식 사랑이 비록 제사이든 미신이든 말이다. 그 뜻을 가로막으면 그것이 불효이며 과거의 잘못을 되풀이하는 것임을 깨달았다. 해탈한 기분이 이럴까. 아주 쉬운 깨달음을 얻은 걸음걸이가 경쾌하다.

사찰 한곳에 중년 여성들이 줄을 서 있다. 얼마 안 있어 닥칠 수능시험을 위한 백일기도 접수 중임을 알았다. 부모가 된 죄로 자식들 공부를 대신할 수 없어 정성이라도 보태려는 그 모습에서 가슴이 뭉클해진다. 부처님 가피를 입어 좋은 성적 거두게 하려는 애타는 모정이다. 자식 사랑은 예나 지금이나 시공時空을 넘어 한결 같은데, 그 정성 털끝만큼이라도 자식들이 알아차릴까.

어머니의 사립문

삼간 기와집이 본래의 고향집 모습이다. 대문이라야 사립문이 고작이었고, 담장은 나지막한 싸리 울타리였다. 울타리 밑으로 두 자 폭으로 마당을 일구어 텃밭이 만들어져 있었다. 그 텃밭에서 채전을 일구는 일은 나이 드신 어머니의 유일한 소일거리였다. 가을 텃밭에는 가지, 고추, 쪽파, 상추 같은 채소가 가득했다. 싸리 울타리 위에는 동부가 주렁주렁 달렸다. 조롱박으로는 표주박을 만들고, 수세미는 설거지에 썼다. 텃밭에서 일하는 어머니의 얼굴에는 항상 즐거움이 넘쳐났다. 정겨운 이웃 사람들의 얼굴을 사립문 위로 볼 수 있다. 농사 잘 지었다고 칭찬을 아끼지 않는 이웃 할머니, 쪽파와 상추가 부럽다며 손 내미는 새댁하며. 그럴 때마다 푸성귀를 뽑아 사립문 위로 전해 주면서 정情도 함께 나누었다.

그런 사립문을 없애야 하는 날이 왔다. 명절이나 제사가 있는 날이면 고향집은 너무 작았다. 한 해가 다르게 조카들의 몸집이 커가니 더욱 좁게 느껴진다. 하는 수 없이 집 가까운 형제는 자정이 넘은 시간에 각자 집으로 돌아가야 했다. 보다 못한 형이 결단을 내렸다. 오래전에 묵혀 두었던 외양간까지 넣어서 본채를 늘려 짓겠다는 것이다. 주택을 손질하게 되면 불가피하게 옛것을 허물게 마련이다. 어머니의 손때 묻은 사립문과 텃밭도 예외가 아니다. 당연히 어머니는 반대하였다. 형이 어머니를 설득하고 있었다. '양복에 고무신 신은 모양새'라며 떼를 쓰는 바람에 어쩔 수 없이 어머니가 한 발 물러서기는 했다. 그 모습은 너무도 쓸쓸했다. 오래된 사립문은 뜯겨 나가고 그 자리에는 며칠 뒤 새 대문이 자리하게 되었다. 텃밭은 시멘트 포장된 마당으로 바뀌었다. 어머니는 여러 날을 휑하니 사라질 사립문을 한숨을 토하며 바라보고 있었다.

주택을 고치는 일은 순조롭게 진행되어 가는 듯했다. 대문 설치 일만을 남겨두고 있을 무렵이었다. 갑자기 어머니의 표정이 굳어지기 시작했다. 어머니가 이웃집을 다녀오신 이후로, 쇠대문은 절대 안 된다고 한다. 무슨 대문이 열고 들어갈 수도 없고 안에 사람이 있는지, 없는지 알 수가 없다는 것이다. 그 집 개 짖는 소리에 주인이 가까스로 어머니를 맞기는 했다. 그래도 현대식 대문이 영 마음에 안 들었던 모양이었다. 이미 대문이 제작 중에 있어 낭패를 보게 생겼다. 이제는 아무리 설득해도 물러설 태세가 아니다. 사립문도 텃밭도 사라졌는데 대문마저 그렇게 하면 안 된다는 것이다. 어쩔 수 없이 형은 대문 제작을 보류했다.

지금도 고향집은 대문이 없다. 쇠대문을 단다는 것은 어머니의 모든 삶을 빼앗고, 당신을 철창 속에 가두는 것이라는 말씀에는 더 이상 어찌하는 도리가 없었다. 어머니에겐 사립문이 세상을 접하는 통로였는데, 그것마저 막아버리면 고려장시키는 것과 같다는 말씀을 듣는 순간 우리가 미처 헤아리지 못한 미혹함을 느꼈다.

이웃과 정을 나누는 통로. 간단한 안부 같은 대화는 굳이 집 안까지 모실 필요가 없다. 사립문을 사이에 두고 마주 보면 그만이었다. 이웃 연배 되는 분이 어머니와 긴요한 이야기가 있어 찾아올 때는 사립문을 안쪽으로 살며시 밀면 되었다. 그 모습이 정겹기 그지없다. 사립문은 언제나 오가는 이웃들에게 친근함을 주었다. 거기에는 막힘도 거부감도 존재하지 않는다. 내가 사는 모습을 남에게 보이고 바깥세상을 쉽게 볼 수 있어 좋다. 거기에는 마실 나온 바람이 머뭇거리지 않고 시원스레 통했다. 그뿐만 아니다. 잠자리도, 참새도 자연스럽게 넘나들 수 있었다.

그런 사립문을 잃은 어머니의 마음을 이해 못한 것도 불효라면 불효였다. 마당은 온통 시멘트 포장이 되었고 울타리는 육중한 블록담장으로 변했다. 거기다가 사립문 대신 바깥이 보이지 않는 현대식 대문으로 바꾸어야 했다. 그 답답함과 상실감이 얼마나 컸을까. 자신의 입장만 내세운 형이 먼저 후회를 하고 있다. 이번 주말에는 여러 말 말고 산으로 가자는 형의 요청이 왔다. 양옥집에 사립문 세우는 것을 부끄럽게 생각한 내 자신, 또한 어머니를 이해 못했음은 매한가지다. 누가 먼저랄 것도 없이 생각이 하나로 뭉쳐졌다. 뒷산의 선산 주변에는 싸리나무가 많다. 양옥집에 사립문이면 어떠랴, 오는 주말에는 형과 함께 뒷산으로 가야겠다. 싸리 한 짐이면 된다. 멋있는 싸리 사립문을 만들어 어머니의 가슴을 활짝 열어드려야겠다.

썰물과 밀물

문우들을 따라나섰다. 그곳이 군산항이다. 하필 바닷물이 모두 빠진 시점이어서 첫 인상이 실망이다. 군산항의 뜬 부두에서 땀 흘리며 열심히 살아가는 사람들을 볼 수 있으려니 기대를 했건만 시커먼 갯벌만이 황량하게 펼쳐 있다. 큰 배의 스크루가 엄청난 힘으로 갯벌을 파헤친 흔적이 고스란히 남아 있다. 널찍한 웅덩이와 집채 같은 갯벌 덩어리가 그 역사役事를 말해주는 듯하다. 마지막 순간까지 허우적대던 빈 배들이 그 위에 꼼짝도 못하고 주저앉아 있다. 그것은 시간이 흘러 바닷물이 차오를 때까지는 갯벌의 인질이었다.

저 멀리에 바닷물길이 보인다. 크고 작은 배들이 미끄러지듯 오간다. 갯벌 위에 얹힌 배들은 물끄러미 그곳을 바라만 보고 있다. 아무리 덩치가 크고 힘이 센들 무엇에 쓸까. 바닷물이 돕지 않으면 처량한 신세가 되는 것을. 밀물은 좀처럼 차오를 줄을 모른다.

갯벌이 지쳐갈 즈음 저 멀리서부터 밀물이 밀려온다. 밀물은 모든 허물을 덮어버린다. 웅덩이도, 갯벌도, 하늘을 구경하던 갯벌 생물들도 수면 아래로 숨어든다. 비로소 갇힌 배들도 족쇄에서 풀려난다. 썰물이 갯벌의 속살을 들추어 놓으면 애써 밀물은 덮으려 한다. 반복되는 자연현상 덕분으로 연안은 건강해지는 것일 게다. 만약 썰물만 있고 밀물이 없다면 갯벌은 그 생명을 잃고 육지로 변할 것이다. 이처럼 썰물과 밀물의 의미는 곧 생명 그 자체임을 깨닫게 한다.

내가 고등학교를 졸업하던 그해 공직에 몸을 담았다. 직장 새내기한테 주어진 임무는 가혹하리만치 버거웠다. 스물두 개 마을을 매일 돌아보고 무허가 건축 행위를 사전에 막으라는 상관의 특명을 받은 것이다. 거기에 덧붙인 말 한마디가 오금을 저리게 했다. 그 임무에 직위를 걸라는 단호한 명령 때문이었다. 하루하루가 긴장의 연속이었다. 발은 부르트고 다리가 부어올랐다.

그때에는 주말에도 출근하여 일을 했다. 심지어 일요일에도 쉬는 날이 별로 없었다. 어느 일요일에 시간을 얻어 빨랫거리를 가방 가득 담아 집으로 갔다. 그 시절에는 포장이 되지 않은 구불구불한 도로에 시외버스는 하루에 한두 번이 전부였다. 반나절을 버스 안에서 보내야만 집에 도착할 수 있었다. 지금이야 한 시간 반 정도가 걸리는 거리임에도 말이다. 파김치가 되어 집에 도착하면 반갑게 손잡아 주는 어머니가 있어 좋았다. 저녁

때 정말 하기 힘든 말을 부모님 앞에서 하고 말았다. 직장을 그만두겠다는 선언이었다. 그런데 이야기를 다 들은 아버지와 어머니의 반응이 정반대였다. 아버지는 사내자식이 그걸 못 참느냐며 버럭 화를 내신다. 어머니는 그렇게 힘들면 그만두어도 좋다는 말과 함께 설마 무엇을 하기로서니 굶어 죽기야 하겠느냐며 내 마음을 어루만져 주셨다.

그날 저녁 아버지가 한 말씀은 야속하게 느껴졌으나, 어머니의 말씀은 오히려 힘이 되어 돌아왔다. 실컷 울고 나면 속이 후련해지는 그런 느낌이라고나 할까. 어머니의 깊은 정이 직장을 그만두어야겠다는 생각을 물리치게 한 것이다. 그래서 썰물은 아버지 같다는 느낌이 드는 것이다. 덮어줄 마음 누르시고 강직한 자식으로 담금질하고 싶으셨던 아버지. 자식이 그렇게 힘들다는데 어떻게 그 일을 하게 하느냐며 마음 아파하는 어머니. 그것은 영락없는 썰물과 밀물이었다.

바닷물이 밀려나갔다 다시 밀려오는 가운데에서 갖가지 바다 생물들이 번식하며 살아간다. 인간도 우주의 한 생명체일진대 어찌 자연의 섭리를 거스를 수 있을까. 아버지한테서 강직함을 얻고 어머니의 자애로움을 받아 지금의 내가 있음이다. 썰물과 밀물은 우리네 아버지와 어머니를 닮았다.

엄마와 아들

어떤 사형수가 있었다. 청년시절에 살인자가 된 사람이다. 그는 홀어미 밑에서 자랐다. 초등학교 시절 일이었다. 고생하는 엄마를 어떻게 하면 기쁘게 할까를 궁리했다. 어느 날 친구의 학용품을 훔쳐서 엄마에게 자랑했다. 그때 엄마는 아들을 나무라지 않고 오히려 칭찬을 해준 것이다. 엄마가 좋아하는 눈치를 보이자, 이 녀석이 신이 났다. 그 아들은 자라면서 점점 좀도둑으로 변했고, 마침내 강도가 되었다. 강도질을 일삼다가 어느 날 커다란 일을 저지르게 되었다. 강도질을 하다가 사람을 죽인 것이다.

엄마의 자녀 사랑에 대해 다시 한번 생각하게 하는 사건이다. 어린 자식에게 엄마는 어떤 존재일까. 자식을 잉태하여 산고를 겪으면서 엄마가 된다. 엄마가 된 여성에게 부하된 임무를 직종으로 바꾸어 생각해 보았다. 그러면 그 수고로움이 어느 정도인지 가늠하게 된다. 육아전문가, 요리사, 세탁업자, 교육자, 환경미화원, 경찰 일까지 챙기는 사람이다. 물론 가장의 일을 과소평가한다는 말이 아니다. 이토록 일인一人이 수십 가지의 역할을 맡은 사람이라는 뜻이다.

엄마의 역할 중에, 어느 한 가지 중요하지 않은 것이 없다. 그중에서도 자식의 먼 장래를 결정짓는 것과 같은 교육자적 역할은 중요한 것 중의 하나이다. 복중의 태아를 교육하는 일을 태교라고 한다.

아내가 첫 임신을 했을 무렵이다. 임신부는 모난 곳에 앉지도 말며, 나쁜 마음먹지도 말며, 흉한 것 쳐다보지도 말며, 살아 숨쉬는 생물을 죽이는 일도 하여서는 안 된다며, 어머니가 아내에게 가르치는 것을 보았다. 실천 여부는 요즈음에야 확인할 수 있었다. 첫 임신한 며느리에게 어머니가 들려준 말씀 그대로 전하는 것만 보아도 알 것 같다.

엄마의 자식 사랑이 지나치면 교육의 본질을 벗어나기 마련이다. 내 어릴 적에도 어떻게 하면 엄마를 기쁘게 할까를 궁리한 기억이 난다. 백점 맞은 시험지를 대문 밖에서부터 손에 들고 자랑한 일, 바구니 가득 쑥을 캐어 엄마에게 보이던 일들이 주마등처럼 떠오른다. 그럴 때마다 기뻐하던 엄마의 모습을 잊을 수가 없다. 그러나 엄마는 마냥 좋아하지는 않았다. 학교에서 주워온 연필이나 지우개를 보일 때면 걱정스런 눈으로 나무랐다. 남의 물건을 가져오면 지옥 간다는 엄마의 말이 그렇게 무서울 수가 없었다. 그때 엄마가 남의 것을 주워 오건, 훔쳐 오건 기쁜 얼굴로 칭찬을 해 버렸다면 내 운명도 크게 달라졌을 것이라 회고하게 된다.

태중에서부터 성인이 될 때까지 엄마는 자식에 대한 교육자다. 그것도 자식이 확연히 느낄 수 있도록 처신을 바르게 해야 하는 언행일치言行一致의 교육자다. 나무가 잘 자랄 수 있도록 거름도 주고 가지치기를 하는 심정으로 자식을 키우는 것도 엄마다. 거기다가 모든 희망과 염원까지 담아서 말이다. 이 같은 사랑과 정성이 지나치면 식물이 웃자라서 병들어 시들 듯이 마마보이라는 비웃음도 사고, 치맛바람 일으키는 집 아이란 손가락질도 받게 되는 것이다. 엄마의 지나친 행동이 무죄가 될 수 없는 이유다.

라틴어에서 허즈번드(husband)는 울타리를 지칭한다고 한다. 조금만 해석을 넓혀보면 남자는 울타리란 뜻이 된다. 울타리의 역할은 외적을 막고, 바람을 막아준다는 의미를 내포하고 있다. 그러기에 엄마가 가정의 대들보가 되어 자식 교육이며 살림살이를 맡는다는 뜻이 아니겠는가.

인간사회 본래의 남녀 역할이 지금은 뒤섞여 있다. 직장여성의 비율이 매년 증가하고 있으며 사회 곳곳에서 여성의 힘이 느껴지는 시대를 살고 있다. 자식들도 심적으로 혼란스러울 것이다. 아버지는 생활전선에서 용감한 전사이고, 어머니는 안살림 꾸려가는 현모양처賢母良妻가 아니기 때문이다. 그러나 예나 지금이나 변할 수 없는 원칙이 있다. 바로 자식을 돌보는 일이다.

서두書頭에서 보았듯이, 자식이 성인이 되기 전까지는 엄마의 영향이 절대적이라는 것은 누구도 부인하지 못할 것이다. 엄마가 이 원칙을 잃을 때, 자식도 무너지고 만다. 요즈음 애들이 왜 이럴까를 반문하기 전에, 엄마들이 왜 이럴까를 먼저 살펴볼 일이다.

육오학번

나이 육십오 세가 되면 경로자라 부른다. 겉으로 드러나는 나이가 뭣하면 '육학년 오반'이라 한다. 오십 대를 지나 육십 대가 되면, 약속이라도 한 듯 이 방법을 택한다. 그런데 그렇게 말하는 노인들의 얼굴이 밝아 보이질 않는다. 마음은 청춘인지라 그 학년마저도 싫은가 보다.

직장의 업무 관계로 노인대학에 초청받아 여러 차례 강연을 한 적이 있다. 노인생활에 있어 필수적인 건강정보라든가 고령화 사회의 문제점을 설명하는 중에도 무덤덤한 표정이다. 심지어 사무엘 울만의 <팔십 고개의 정점에서>라는 시를 읽어드려도 좋은 반응을 보이지 않는다. 강사로서 고민이 아닐 수가 없다. 어르신들의 마음을 짓누르고 있는 것이 무엇인지를 빨리 알아내야 하는데 그리 쉬운 일이 아니다.

그러던 어느 날 그 속내를 알게 되었다. 교회의 노인대학에 초청받아 연단에 서게 된 날이었다. 노인은 추억에 산다는데, 어르신들의 입장을 대변해서 옛일을 회상해 보기로 했다. 시선이 내게로 쏠림을 직감했다. 여러 어르신이 눈가에 눈물을 머금었다. 손등으로 눈물을 훔치는 분도 있었다. 강연은 누구나 아는 내용이었다.

— 일제의 강제 병합으로 나라 잃은 서러움 속에 유년시절을 보내셨고, 해방의 기쁨도 잠시, 좌우로 나뉘어 동족끼리 갈등을 겪어오다가, 6 · 25전쟁을 맞이하였으며 북괴로부터 백척간두에 선 이 나라를 피로써 구하셨고, 초근목피로 보릿고개를 살아오시다가 새마을운동의 기수가 되어 조국근대화의 초석을 다지시고, 조석을 제대로 챙기실 여력이 없음에도 자식들 공부시켜 오늘의 부강한 대한민국을 만드신 분이 우리 어르신들입니다.

박수가 터져 나왔다. 가만히 보니 어르신들의 몸에서 기가 되살아남을 알 수 있었다.

— 그렇게 앞만 보고 달려온 세월, 어느덧 힘없고 돈 없는 노인으로 남게 되었습니다. 지금 젊은 세대들이 그 공로를 알기나 합니까, 멸시나 안 받으면 다행인 세상으로 변했으니 얼마나 속상하시겠습니까.

이번에는 눈가에 눈물이 글썽인다. 나 또한 콧마루가 시큰함을 느꼈다. 노인들의 응어리진 한을 풀어줄 방책은 여러 가지가 있을 수 있으나 그중에서 '인정'이라는 단어임을 깨닫는 순간이었다. 어르신들의 과거 공로를 인정해 주면 노인들의 기운이 펄펄 살아날 수 있음을 알았다. 사실, 칠십 대에서 팔십 대의 어르신들의 삶은 바로 우리나라 근대사라 해도 과언이 아니다. 그들의 삶이 어떠했는지는 어르신들의 지금 모습을 보면 짐작이 간다. 손발은 오랜 세월 산전山田을 일군 극젱이처럼 닳았고, 손마디는 대마디처럼 굳어졌다. 논밭을 일구며 살아온 세월 앞에 허리인들 온전하겠는가.

소년이 청년이 되고, 청년이 노년이 됨은 자연의 순리일 뿐이다. 처음부터 청년 따로 노년 따로 구분해서 인간의 탄생이 있었던 게 아니지 않는가. 지금 노인들의 모습이 어느 날 나의 모습임을 몰라주니 어르신들은 서러운 게다.

마음이 늙으면 몸도 늙게 마련이다. 움츠린 노인들의 기를 살리는 일부터 해야 한다. 어르신들의 그간 공로를 인정하면서 존경을 표시하는 일이다. 비용이 들지 않으면서 가슴속의 응어리를 일시에 풀어낼 수 있지 않을까 싶다. 젊은 사람들의 인식의 전환만으로 가능한 일이기 때문이다.

이런 것 못지않게 중요한 일이 있다. 그것은 어르신들이 사회로부터 가졌던 소외감을 떨쳐내는 일이다. 청년들 체육행사에 초청도 하고, 오랜 경험에서 풀릴 문제들은 어르신들에게 의지도 해 보는 것이 일거양득이다. 소일거리를 만들어 하루를 무료하게 보내지 않도록 하는 사회적 배려가 어르신들에게는 필요하다. 밭 가는 일은 젊은이가 하고, 마지막 씨앗은 어르신들께 의뢰했던 우리 조상들의 슬기를 배울 만하다. 아침저녁으로 친지들과 가볍게 걸을 수 있는 산책코스 정도는 우리가 배려할 수 있지 않을까.

다시 한번 노인대학에 초청받을 기회가 주어진다면 색다른 선물을 드리고 싶다. 무슨 죄라도 지은 양, 나이를 떳떳하게 말하지 못하는 어르신들. 육학년 오반이라고 달리 불러도 어색하기는 마찬가지다. 차라리 육오학번이라고 하면 어떨까. 칠오학번, 팔오학번, 구오학번……. 나이를 먹을수록 젊어지는 학번이 어르신들의 마음에 위안이 된다면 나는 그렇게 부르고 싶다.

부질없는 욕심

지천에 꽃이다. 영원히 시들지 않을 것 같은 봄꽃이다. 봄날은 꽃이 있어 행복하다. 겨우내 움츠렸던 몸이 비로소 활력을 찾는다. 신체상의 변화만이 아니다. 마음속에도 가득 꽃이 피어난다. 오가는 사람 모두 환하게 웃는 모습이 꽃을 닮은 듯 아름답다.

꽃이 있어 행복한 날은 참으로 짧기만 했다. 어느새 낙화되어 바람 속으로 흩어지고 만다. 화무십일홍인 줄은 알지만 일생이 너무 짧아 아쉬움이 절로 생기니 어쩌랴. 세상을 기쁘게 하고 새잎이 돋으려 할 즈음 미련 없이 떠나가는 게 봄꽃의 운명이다. 한 번쯤 뒤돌아볼 줄도 모르고 훌훌 떠나가던 어머니의 뒷모습처럼 무정함이 묻어난다.

지난해 여름 어머니가 저세상으로 갈 때도 그랬다. 아무리 불러도 대답 한번 하지 않고 감았던 눈 한번 뜨지 못했다. 산소 호흡기에서 흘러나오는 가쁜 숨소리. 맥박과 혈압 상태를 오로지 계기판에만 의존한 채 꼬박 하룻밤을 지새웠다. 사람의 목숨이 경각에 달렸다는 말을 실감했다. 제발 하루만이라도 더 살 수 있게 해 달라고 천지신명께 마음속 깊이 빌기도 했다. 그러나 나의 간절한 바람은 이루어지지 않았다. 아침이 되자 혈압과 맥박은 점점 하강하고 있었다. 마지막 잿불이 사그라지듯이 계기침은 영으로 떨어지고 말았다. 때가 되면 떨어지는 꽃잎처럼 당신께서도 그렇게 가시고 말았다.

어느 것 하나 아름답지 않은 꽃이 없다. 눈에서 놓아주고 싶지 않은 것들이다. 봄꽃이 떠나지 못하도록 밤새워 지킬 수만 있다면 그렇게라도 하고 싶다. 뜬눈으로 지켜보면서 어머니를 구하고 싶은 그때의 심정으로 말이다. 그러나 생명의 불씨가 꺼져가는 어머니를 살리지도 못했고 떨어져 내리는 봄꽃을 붙잡지도 못하였다. 모두 부질없는 욕심일 뿐이었다.

정작 꽃나무 가지는 꽃잎이 낙화로 떠난다 해도 아무런 미련을 갖지 않는다. 오랫동안 향유하려 한 욕심, 그것은 자연의 순리를 따르지 않으려는 나 혼자만의 안달이었다. 결국 인간도 자연계의 한 생물일진대 어찌 영생을 바라겠는가. 그런 욕심 한 가지를 떨쳐버리고 가신 어머니. 봄꽃처럼 자연의 순리에 따랐을 뿐이라고 생각하면 조금이나마 위안이 된다.

우리들의 삶이란 마라톤처럼 반환점이 없다. 계절처럼 돌고 도는 순환현상도 일어나지 않는다. 오로지 앞을 향해 나아가기만 한다. 인생의 긴 여정에 하나 둘 짐은 보태어질망정 덜 줄은 모른다. 그러면서 허물은 켜켜이 쌓여 간다. 오늘 내가 잘못 내디딘 발걸음은 돌아와 다시 고칠 수가 없기 때문에 괴로움마저 따른다. 연륜을 더해 갈수록 이런 짐은 늘어나기 마련이다. 모두가 욕심이 부른 짐임을 모른 채 말이다.

아무것도 가진 것 없이 훌훌 털고 새털처럼 가볍게 살고는 싶다. 하지만 어디 생각같이 쉬운 일이겠는가. 법정 스님이 떠나면서 자기 생애의 모든 흔적조차 지우려 했다. 스님의 저서도 더는 발간하지 말도록 하고, 심지어 육신이 타고남은 재마저 자연 속으로 뿌려달라고 유언을 하지 않았던가. 무소유의 완결판으로 받아들이고 싶은 이유다. 나로서는 도저히 따를 수 없는 경지임을 안다. 범인凡人의 삶이 그렇듯이 나 또한 예외가 될 수 없다. 좀 더 갖고 싶다는 끝없는 소유욕, 명예, 입신양명만을 좇아 살아온 세월이다.

생존을 위해 필요한 것만 취하면 좋으련만 넘치도록 가지려 했다. 더 나은 행복을 찾아 부질없는 욕심을 달고 살았다. 그렇게 사는 게 당연한 일로 알았으니 성취욕은 있을지언정 심신은 지쳐 있다. 지금부터라도 마음을 다스려 욕심일랑 조금씩 내려놓아야겠다. 법정처럼 살 수는 없지만 몇 가지는 쉽게 내려놓을 수 있을 것 같다. 그러면 고단했던 몸이 한결 가벼워지리라. 부질없는 욕심은 불필요한 짐이 된다. 욕심 하나를 버리면 짐 하나를 덜게 되는 쉬운 원리를 모른 채 전생의 업보로만 여겼다.

지금도 늦지 않다. 오늘 당장 한 가지씩이라도 내려놓으며 사는 거다. 아쉬움도 크게 보면 욕심일 수 있다. 봄꽃마저 잡아두고 싶은 부질없는 욕심 하나 버리는 일부터.

상춧대

상추가 제법 자랐다. 작디작은 씨앗이 발아하여 신선한 먹을거리로 변해가니 경이롭기만 하다. 야채를 직접 길러서 쌈으로 먹으니 재미도 갑절이다. 비록 작은 상자에 흙을 채워 앞 베란다에서 길러도 하루 한 차례 쌈 거리는 얻어진다. 상추는 여느 채소와 몇 가지 다른 점이 있다. 줄거리가 점점 자라나면서 잎이 달리는 채소다. 때문에 그때마다 한 잎씩 취하면 된다. 상추 잎을 따는 느낌도 좋으려니와 엽록소 냄새가 없어 거부감이 없다. 곁 잎을 취하는 횟수가 늘어나면서 줄기도 부쩍 커 가는 것이 상추다.

씨앗을 뿌린 지 석 달이 흘렀다. 상춧대가 한 자 가까이 자랐다. 그동안 여러 차례 잎을 따낸 자국이 선명하다. 언제까지나 상추 잎을 따서 먹을 것만 같았는데 어느새 잎도 자잘해지고 줄기도 연약해졌다. 자연의 섭리이런가. 얼른 씨앗을 남긴 연후에 떠나고 싶은가 보다. 줄기 끝에 작은 꽃들이 활짝 피었다. 그것이 무거운 듯 등줄기가 약간 고부라져 있다. 상추 잎을 따는 일은 여기서 그만두기로 했다. 끝물의 작은 잎까지 남김없이 채취한다면, 그것은 너무 잔인한 행위이기 때문이다.

상추 잎을 따면서 보면, 우윳빛의 체액이 조금씩 흘러내리는 것을 볼 수 있다. 평소에는 그런 것에서 싱싱함을 느낄 뿐 다른 감정은 없었다. 오늘 아침, 내 앞에 서 있는 앙상한 상춧대를 바라본다. 꽃 한 다발을 머리에 이고 서 있는 상춧대에서 연민의 정이 물씬 풍겨온다. 이제 더 줄 것도 없다는 듯이 애처롭게 서 있는 상춧대. 식물도 마지막을 준비할 줄 아나 보다. 정신이 번쩍 들었다. 미수米壽를 넘기지 못하고 이승을 떠나신 어머니 모습이 불현듯 떠올랐기 때문이다.

어머니는 모두 아홉 자식을 두었다. 그중 두 명은 일찍이 가슴에 묻기도 했지만, 나머지 칠 남매를 별 탈 없이 잘 키웠기에 자랑스러워했다. 어머니는 사십 대부터 틀니를 하고 살았다. 돌아가실 때까지 자그마치 사십 년 세월을 그렇게 하신 것이다. 내가 어릴 적 기억으로는 그런 엄마가 좋게 보이질 않았다. 양치를 자주하지 않아서 벌레가 생긴 줄로 알았기 때문이다. 보릿고개를 겪던 시절인지라, 임신을 했다 하여 호강은 고사하고 제대로 된 영양섭취인들 가능했을까. 성인이 되어서야, 젊은 나이에 치아를 몽땅 잃게 된 것도 우리 구 남매 출생과 연관이 있음을 알게 되었다. 임신 중에 칼슘이 부족하여 치아의 영양분을 뽑아 태아의 뼈를 만든 것임을.

운명하시기 사 년 전 일이다. 팔순을 넘긴 어머니는 늘 골다공증으로 고생하셨다. 어느 날 집 세면장 바닥에 미끄러져 팔다리를 다친 적이 있다. 소방서의 도움으로 내가 사는 근처 병원에 입원을 하게 되었다. 아내와 내가 번갈아 야간 간호를 해야만 했다. 어머니가 몇 시간을 끙끙 앓으시다가 살며시 잠이 들었다. 얼마나 다친 걸까, 환자복을 걷어 올리고 팔다리를 살폈다. 어머니의 상처를 대하는 것보다 더 애처로운 것은 앙상한 당신의 팔다리였다. 거죽만 남은 피부에 검버섯이 군데군데 생기고 탄력이라고는 찾을 수가 없었다. 그런데 그 팔다리 피부에서 파스 냄새가 진하게 배어 나오는 것이다. 평소 이상하리만치 파스 욕심이 그렇게 많은 연유를 알게 되었다. 눈앞이 자꾸만 흐려오면서 콧마루가 시큰해 옴을 느꼈다.

깊은 잠을 청하지 못한 까닭인지 어머니가 살며시 눈을 떴다. 웃음을 보이시며 하시는 말씀이 나의 가슴을 더욱 아리게 했다.

"아범이 왔는데 무얼 줄까."

아무것도 없는 병원 침대 모서리를 뒤적이는 시늉을 습관처럼 하는 것이다. 그 순간, 슬픈 이야기도, 가슴 아픈 이야기도 듣지를 않았는데, 왜 그렇게 눈물이 나는지 알 수가 없었다.

얼마 전에 첫 기일이 지났다. 그동안 말씀드리지 못한 한 가지 일로 가슴이 아려온다. 돌아가시는 그날까지도 당신이 치아 관리를 잘못해서 그렇게 된 것으로 아신 분이다. 뒤늦게나마 그

연유를 안 자식이 먼저 말했어야 했다. "어머니, 치아가 그렇게 된 건, 우리 구 남매 뼈 만든다고 칼슘 성분을 나누어 주었기 때문입니다. 정말 고맙습니다."라고 했어야 했다. 이제는 영영 그런 기회마저도 가질 수 없다. 내가 매일 상추 잎을 따면서도 그 아픔을 몰랐던 것처럼.

고추잠자리

올해도 반가운 가을 손님이 찾아왔다. 고추잠자리다. 고추잠자리는 한낮 더위가 심할 때에는 어디엔가 숨어서 꼼짝 않고 지낸다. 그러다가 늦은 오후가 되면 떼 지어 나타나기도 한다. 수수 이삭이 약간 고개를 숙일 때쯤, 그 위에 날개 접고 앉은 고추잠자리도 있다. 약한 바람결에도 간들거리는 수수이삭을 요람 삼아 오수를 즐기는 듯하다.

지금은 흔치 않지만 어린 시절 농촌에는 집집마다 수수를 심었다. 방 빗자루를 만들어 쓰기 위해서였다. 입추 무렵, 다른 농작물에 앞서 제일 먼저 가을 소식을 전하는 것도 수수다. 목을 길게 뺀 수수이삭 위에 고명처럼 앉은 고추잠자리는 쉽게 눈에 띈다. 아이들이 그때를 놓치지 않는다. 긴 싸리 채 끝을 둥글게 말아 무명실로 고정시킨 다음 왕거미줄을 칭칭 돌려 감는다. 그러면 훌륭한 잠자리채가 된다.

이렇게 거미줄 둘러 만든 잠자리채를 들고 거리로, 텃밭으로 쉴 새 없이 쏘다녔다. 친구들과 잠자리 많이 잡기 경쟁을 벌이기도 했다. 싸리 울타리 끝에 붙어 있는 잠자리를 잡기 위해 살금살금 텃밭으로 갔다. 한창 익어가는 고추의 매운 냄새로 콧등에는 송골송골 땀방울이 솟았다. 놀란 고추잠자리 한 마리가 높게 날아오르면 머리를 들어 하늘을 보게 된다. 푸른 하늘엔 한 조각 흰 구름이 떠 있다. 달아난 고추잠자리가 구름 속으로 빨려들어간 것처럼 보이질 않는다. 높고 푸른 가을 하늘이 가슴에 안긴다. 그때 바라본 그 하늘은 내 가슴속 깊이 새겨져 영원히 잊히지 않는다.

어쩌다 잡힌 고추잠자리를 전리품처럼 가지고 놀았다. 친구들과 빙 둘러서서 잠자리 꼬리에 무명실을 길게 매달아 누구 잠자리가 높이 나는가를 겨루기도 했다. 그러다가 싫증이 나면 파리를 잡아 먹여보기도 했다. 지친 잠자리는 한 마리씩 죽었고, 죽은 놈은 모두 마당에 버려졌다. 버려진 지 얼마 되지 않아 죽은 잠자리한테서 움직임이 느껴진다. 날개의 움직임이 없는 것을 보면 죽은 게 분명하다. 어떻게 움직일 수가 있을까. 신기한 생각으로 들여다보면 아주 작은 개미떼가 잠자리를 물고 가는 것이다. 그 모양이 영락없는 장례행렬이다. 개미들에게 물려가면서도 아무런 저항도 하지 않는 잠자리. 문득 죽은 잠자리가 불쌍하다는 생각이 들었다. 늘 내 곁에서 힘없이 앉아 내 얼굴만 쳐다보는 여동생 같다는 생각에 가슴이 저려왔다.

내 위로 형이 셋이나 된다. 부모님은 항상 나를 막내라고 불렀다. 막내라서 그런지 병치레가 심했다. 또래 아이들하고는 같은 해 입학을 하지 못했다. 친구도 없이 텅 빈 집에서 쓸쓸하게 하루하루를 보내야 했다. 그러던 중에 여동생이 태어났다. 고명딸이 태어났다고 기뻐하는 부모님을 보면서 자꾸만 구석으로 밀려나는 느낌이 들었다. 어머니는 용케 그런 내 마음을 잘도 집어내었다. 너는 아들 막내고 동생은 외동딸이라는 것이다. 어린 여동생이 귀엽기도 했지만, 까닭 모르게 미운 생각도 들었다. 나는 아홉 살이 되어서야 입학을 했고, 재롱둥이 여동생은 귀여움을 독차지하며 자랐다.

어느 봄날 여동생이 심한 감기를 앓고 난 후로 알 수 없는 병에 시달렸다. 핏기 없는 얼굴, 힘없는 눈빛을 하고 있었다. 아이들이 재미있게 노는 동안에도 항상 마당 가장자리에 웅크리고 앉아 지냈다. 잠자리 잡는 구경만 할 뿐 말이 없는 아이로 변해 갔다. 잠자리 한 마리를 잡아 주면 조금 있다가 날려 보내곤 했다. 내가 짜증 섞인 말투로 나무라면,

"불쌍해서."

그 말 뿐이었다. 어느 날 저녁 그 여동생은 세상을 떠났다. 어머니는 동생의 주검을 안고 울부짖었다.

내 생애 처음으로 사랑하는 가족과의 영원한 이별을 겪은 것이다. 진정한 슬픔이 무엇인지, 숨이 막혀 오는 슬픔이 어떤 것인지를 그때 알았다. 항상 내 곁에 있던 동생이 어느 날 그 모습이 보이지 않을 때의 공허함. 부모님의 사랑을 혼자 갖기 위해

동생을 미워한 일에 대한 후회. 어린 내가 감당하기에는 너무 큰 충격이었다. 그날 이후로 잠자리 잡고 노는 일을 하지 않았다. 잠자리를 많이 잡아 여동생이 죽은 것이라고 믿었기 때문이다.

그래서인지 몰라도 고추잠자리를 보면 옛 추억이 물씬 묻어난다. 고향집과 죽은 여동생의 얼굴과 어릴 적 친구들 모습이 함께 그려진다.

스토리텔링(storytelling)

해마다 조부 제사 다음 날엔 소 문중門中 벌초를 한다. 이 날은 벌초하기엔 참 좋은 날이다. 형제, 종형제가 다 모이고, 처서 다음 날이라서 무더위도 한풀 꺾이는 시기다. 벌초는 증조모 산소부터 시작된다. 묘지는 선산 중에서도 제일 먼 곳에 있다. 더구나 산 중턱에 있는지라 임도에 차를 세우고 한참을 걸어 올라가야 하는 곳이다.

큰형은 능숙한 솜씨로 나뭇가지를 치고 덩굴을 걷어내면서 길을 만들었다. 증조모 산소에도 풀이 무성하게 자라 있었다. 단숨에 벌초를 마칠 기세다. 예초기에 시동을 거는 형, 낫을 들이대는 사촌들도 나와 똑같은 생각이었나 보다. 묘소에 풀이 너무 길어 증조모가 답답하시겠다는 생각을 다 같이 한 것이다. 평평한 곳에는 예초기를 쓰고, 돌이 많은 곳에는 낫이 제격이다.

기계가 아무리 발달되어도 여전히 낫은 쓸모가 있었다. 기계 앞에 기죽을 뻔했던 낫이 시퍼런 날을 세우고 의기양양하다. 덕분에 벌초가 순식간에 끝난 느낌이다.

축 아래에서 옆으로 길게 엎드려 절을 올렸다. 땀방울이 뚝뚝 떨어진다. 집 잃은 벌들이 머리 위에서 무섭게 설쳐대더니 포기하고 어디론가 사라진다. 예초기 소리가 멎은 산속엔 잠시 적막이 흘렀다. 이번에도 큰형은 증조모 산소에 관한 내력을 이야기하기 시작한다. 예전에는 건성으로 들은 이야기였다. 세월 앞에 철이 든 탓일까. 오늘은 그 이야기가 흥미롭게 느껴진다. 때로는 가슴을 아리게 하기도 하고, 분노를 일으키기도 한다.

묘지가 산 중턱에 자리 잡고, 비석마저도 설치할 수 없었던 사연. 증조부 묘소와 멀리 떨어진 연유를 알게 된 순간에는 절로 숙연해졌다. 이렇게 집에서 멀고 먼 남의 산을 택하여 밤중에 장례를 치러야만 했던 이야기를 들을 땐 모두 눈시울을 적셔야 했다.

처음 증조모가 사신 곳은 거제도의 작은 부속 섬, 칠천도이었다. 증조부가 삼십대 초반의 젊은 나이에 세상을 떠났다. 증조부를 칠천도 선산에 묻은 그 다음 날부터 시집식구로부터 견딜 수 없는 구박을 받아야 했다. 겉으로는 남편 잡아먹은 여자라는 올가미를 씌웠다. 하지만 그렇게 구박을 일삼는 데는 다른 뜻이 있었다. 다름 아닌 집과 토지를 빼앗을 목적이었다. 조여 오는 구박을 견딜 수 없었던 증조모는 나의 조부가 되는 두 아들과 왕고모가 되는 딸을 데리고 집을 나왔다. 문전걸식을 하면서 살 곳을 찾아 다녔다. 그러던 중 거제면 송곡이라는 마을에 이르렀을 때였다. 그곳 사람들로부터 희망적인 말을 들었다. 저 산 너머에 둔덕이라는 마을이 있는데, 그 곳에는 땅이 기름지고 인심도 후하다고 했다. 그곳에 가면 네 식구가 살 만한 데가 있을 것이라고 귀띔해 준 것이다.

그러나 송곡 마을 뒤편에는 험악한 재가 기다리고 있었다. 당시 둔덕으로 통하는 육로는 한 곳도 없었다. 유일한 길은 송곡재뿐이었다. 그 재는 험하기로 소문난 곳이었다. 여성들이 마음대로 나다닐 수 있는 재가 되지 못했다. 인적이 뜸한 해질녘에는 도적 떼가 나타난다는 험악한 재다. 그래도 증조모는 그 재를 넘었다. 그리하여 지금의 본가가 있는 마을 어디에 터를 잡아 살게 되었다. 남의 집 길쌈을 대신 해 주고 식량을 벌었다. 동네 안에서 아기 출산이 있을 때에는 산파 일을 하기도 했다. 처음 여러 해 동안 이루 다 말할 수 없는 고초를 겪었다. 이러한 혹독한 시련 속에서 가세를 번창시켰던 증조모였다.

증조모가 천수를 다하시던 날 유언을 남겼다. 후손들이 송곡재를 넘어 오가는 모습을 볼 수 있게, 그 재가 잘 보이는 곳에 묻어 달라 한 것이다. 그 유언을 받들어야 하는데 거기는 증조모 소유 산이 아니었다. 하는 수 없이 깊은 밤을 틈타, 나의 할아버지는 남의 산에다 산주山主의 허락도 없이 묘지를 만들 수밖에 없었던 것이다.

여기까지 이야기를 끝낸 큰형의 눈시울이 붉어져 있었다. 비로소 증조모 묘소가 산방산 자락에 위치한 연유를 알았다. 지금은 사람들이 전혀 오가지 않는 재. 인적이 끊어진 지 오래된 송곡재 너머로 산새들만 넘나든다. 묘소에서 보면 얼마쯤 바로 앞에 그 재가 보인다. 어린 자녀들을 데리고 힘들게 재를 넘어오시던 증조모가 그려진다. 가슴이 아려 온다. 벌초를 마치고 산을 내려오면서 머릿속에는 온통 증조모 생각뿐이었다. 가난을 숙명처럼 여기고 살던 시절, 가문을 지켜 주신 증조모 덕분에 내가 있었다.

씨실과 날실

할머니 기일이다. 베 짜는 할머니의 모습이 떠오른다. 그 옛날 우리네 삶의 한 단면이기도 하다. 할머니가 베틀에 앉아 베를 짜면 배고픔도 잊었는지 베틀은 멈출 줄을 몰랐다. 철거덕 철거덕 베 짜는 소리를 들으며 잠이 들었고, 소피가 마려워 잠을 깨었을 때도 베틀에 앉은 할머니를 볼 수 있었다. 그 시절에 있어 베 짜는 일은 오로지 아낙들의 몫이었다. 가족들의 옷감을 마련하는 일이야말로 식량을 장만하는 일만큼이나 중요했다.

날실을 바디와 잉앗대에 걸고 나서 능숙한 솜씨로 북을 움직여 씨실을 걸어 바디로 쳐서 베를 짠다. 두 손은 날실 사이로 북을 쉴 새 없이 움직이고 왼발의 끌신은 쇠꼬리를 당겼다 풀었다 하면서 반복적으로 베짜기가 계속되는 것이다. 무명베 치마저고리를 입고 단정히 앉은 할머니는 베틀이 친구이자 이웃이었다. 하루하루 기나긴 시간을 베틀에 앉아 보내면서 무슨 가사인지 알 수 없는 노래를 부르기도 했다. 팽팽하게 당겨진 날실이 도투마리에서 풀려나와 씨실을 만나 한 필의 베로 태어날 때까지 앉은개에 앉은 할머니도 긴장의 끈을 놓지 않고 끌신을 쉴 새 없이 움직였다.

간혹 씨실이 끊어지기라도 할 때면 일을 멈추고 이어가며 베를 짠다. 하지만 날실이 끊어지기라도 하면 큰일이라도 생긴 것처럼 긴장하고 만다. 팽팽하게 당겨진 날실은 잇기가 쉽지 않기 때문이다. 끊어진 날실을 있는 힘을 다하여 당겨 놓는다. 그러면서 눈썹끈에 감아두었던 명주실을 이용하여 힘들게 잇는다. 그처럼 어려운 작업이었기에 할머니 얼굴에는 굵은 땀방울이 흘러내렸다.

할머니는 베를 짜면서 어떤 바람을 가졌을 것이다. 그 바람은 손자들이 한결같이 날실 같은 사람으로 자라 주었으면 하는 염원일 수도 있다. 한번 끊어진 날실을 어렵게 이으면서 사람도 날실처럼 중심이 바로 서야 한다는 생각을 수 없이 하지 않았을까. 할머니의 그 염력이 내게 전해진 까닭인지는 모르겠으나 나에게 있어 씨실과 날실은 대단히 중요하다는 생각을 갖게 했다.

베틀은 서른이 넘는 부품으로 구성되어 있다. 어느 하나 중요하지 않은 것이 없다. 그중에서 내 삶에 어떤 의미를 안겨주는 것은 씨실과 날실이다. 씨실은 쉽게 이을 수 있지만 날실은 잇는 데 어려움이 많다. 베의 근간을 이루는 중심 줄이기 때문이다. 그러기에 날실은 움직이지 않는다. 늘었다, 줄었다 해서도 안 되는 것이다. 씨실이 자유롭게 일을 할 수 있도록 날실은 중심을 잘 잡아준다.

내가 날실 같은 사람이 되고자 한다면 사회가 바라는 기준에 합격점을 받아야 한다. 서양사회에서 말하는 노블레스 오블리주에 해당될 것이다. 아무리 생각해도 내 자신 날실은 아닌 것이다. 할머니의 기대에 미치지 못한 것 같아 죄송스럽지만 나는 씨실이 되고자 노력하는 사람 정도의 수준임을 고백하게 된다. 끊어진 씨실을 이어가며 베를 짜듯 반성하며 허물을 고쳐가는 미완의 사람일 뿐이다.

제사를 지내는 내내 베틀에 앉은 할머니를 추억한다. 가냘픈 여인네의 손끝에서 무명실이며 명주실이며, 삼실이 뽑혀 나온다. 그 실꾸리를 베틀에서 직물로 바꾸는 과정은 단순 노동 이상의 숭고한 의미가 내재되어 있다. 먹고 잠자는 시간을 빼면 베틀에서 일하는 할머니의 삶이 얼마나 고달팠을까. 그때는 알아들을 수 없었던 애절한 노랫가락. 아마도 가슴에 맺힌 여인네의 한을 풀어내는 소리였으리라. 철거덕, 철거덕 할머니의 베 짜는 소리가 들리는 듯, 어느새 시간은 자정을 넘어서고 있다.

겨울밤, 여름밤

휴가를 맞아 고향집으로 갔다. 이상하게도, 어머니 안부 물어보고 근황을 살피고 나면 할 말이 없어진다. 사실 생각해 보면 무슨 할 말이 있을까. 저녁상 앞에 마주앉아 어머니 건강은 어떠하신지 확인하는 것으로 모든 대화가 끝나버린다.

고향집은 그렇게 높지 않은 뒷산 끝자락에 있다. 해가 지면 무더위를 누그러뜨리는 산바람이 뒤뜰에 내려앉는다. 그 바람 따라 풀냄새며 이름 모를 꽃향기가 마당으로 모인다. 고향집의 정취는 여전히 변함이 없다. 부채 하나, 수박 한 조각을 들고서 마당 한가운데 놓인 평상으로 나간다. 전기가 들어오지 않았던 시절에 모깃불 피워 놓고 더위를 식히던 밤의 피서법이다. 모기가 성가시게 달려들어도 옛 추억에 젖을 수 있어 좋다. 수박 한 조각을 맛보면서 정말 오랜만에 고향 하늘을 본다. 하늘에는 별이 총총 박혀 있고 은하수가 흘러간다. 먼 산 위로 마른 번갯불이 도깨비불처럼 번쩍거린다. 다른 곳에서는 비가 많이 내리는가 보다.

이렇게 한가로이 고향 밤하늘을 보고 있노라니, 어머니 한 사람만 바라보고 살아온 어린 시절이 주마등처럼 피어난다. 내가 본 어머니는 웬만한 대장부보다도 담대했다. 캄캄한 밤에 논의 물꼬를 다듬는 일도 예사로 했다. 식솔을 건사하기 위한 생계수단은 생선을 파는 일이었다. 거창한 가게를 낸 것이 아니라, 생선 통을 이고는 시오리 길을 걸어 친정마을에서 생선을 팔았다.

밭떼기는 많았으나 논이 적어 식량 부족으로 낭패 보기가 일쑤였다. 쌀이라도 떨어지는 날에는 의지할 곳이 친정뿐이었다. 자정을 넘어서야 쌀자루를 이고 들어오시던 어머니를 잊을 수가 없다. 출가외인으로 친정에 손 벌리고 돌아오는 밤길은 얼마나 길었을까. 그 어둠 속으로 쏟아낸 어머니의 눈물은 또 얼마나 많았을까. 한번은 어머니가 나를 데리고 캄캄한 밤에 외가 제사에 간 적이 있다. 우리 집에서 외갓집 가는 시오리 길은 정말 무서웠다. 소름끼치는 부엉이 울음소리며, 온갖 짐승들이 배고픔에 울부짖던 밤의 공포는 지금도 내 기억에서 지워지지 않는다. 그런 밤길을 어머니는 조금도 무서워하지 않았다.

어려서 병치레가 잦았던 나는 초등학교를 아홉 살에 입학했다. 다른 아이들보다 두 해나 늦었으니 입학 전에는 집에 남아 있는 친구들이 없었다. 어른들도 다 일 나가고 집에는 언제나

나 혼자였다. 어머니가 일 나가면서 자질구레한 허드렛일을 맡긴다. 딸이 없는 집안이니 사내애라고 가사 일을 시키지 않을 수가 없었을 것이다. 행상 나서기 전에 나에게 맡긴 일들을 소홀히 했다가는 돌아온 어머니한테 혼이 났다. 작대기로 매질을 하는 것이 아니라, 소식 없는 아버지를 들먹여 가면서 계속 나무라는 것이었다. 그것이 그렇게 싫었다.

어머니를 그렇게 만든 것은 전적으로 아버지한테 책임이 있었다. 나는 젊은 시절의 아버지 얼굴을 떠올리지 못한다. 기억을 못하는 것도 무리가 아니다. 아버지는 고등어잡이 배 선장 일을 했다. 고기가 잘 잡히지 않아서인지 딴살림을 차려서인지는 알지 못 하나 집에 오시는 날이 별로 없었다. 아버지는 추석에 한 번, 설날에 한 번 정도 집에 다녀가셨다. 그것도 우리가 잠 들 즈음, 간고등어 한 동이 갖다 놓고는 꼭두새벽같이 훌쩍 떠나갔다. 그런 날이면 어머니의 잔소리가 점점 심해졌다. 그게 너무 싫어서 나는 외양간 뒤에 숨어 울었다. 한겨울 밤 추위는 손발을 칼로 자르는 듯이 아리게 했다. 우연히 하늘을 올려다보았다. 그때 그 하늘에는 나처럼 눈물 흘리는 무수한 별들이 매서운 추위에 떨고 있었다. 결코 행복해 보이지 않는 겨울 밤하늘이었다. 이러한 사연이 사무쳐 성인이 된 지금도 나는 겨울 밤하늘을 싫어한다. 너무 잔인하게 느껴지기 때문이다.

그러나 여름 밤하늘에는 아름다운 추억이 서려 있다. 이웃집 아저씨가 크게 틀어놓은 라디오 연속극에 귀를 세우고 마음껏 상상의 나래를 편 것도 여름밤이다. 달빛을 받아 초가지붕 위의 박꽃이 더욱 희고 소담스럽던 밤. 그 신비스러운 공간으로 별빛과 반딧불이가 어우러져 불꽃놀이를 하던 밤. 연속극은 끝나고, 동네 형들의 바위산 불여우 이야기며, 도깨비 만나 싸운 이야기도 재밌게 숨죽이고 듣던 밤. 평상에 누워 하나 둘 밤하늘의 별을 세던 밤. 별 하나 꽁꽁, 나 하나 꽁꽁, 별 둘 꽁꽁, 나 둘 꽁꽁……. 그러다가 스르르 잠이 들던 밤. 이것이 내가 가진 여름밤의 추억이다. 그 밤은 언제나 내 기억 속에서 살아 숨 쉬고 있어서 좋다.

어머니가 거실에서 내려와 살며시 내 곁에 앉으신다.

"아범아, 별로 세상 같은 세상을 살아보지도 못했는데, 세월이 참 빠르기도 하제."

어머니도 옛날 생각을 하시나 보다. 언제나 어머니의 그리움의 한가운데에 있던 아버지는 그것마저 거두어 예순한 살에 영원히 떠나셨다. 그로부터 삼십이 년여 세월 동안 일곱 자식 건사하며 혼자 사신 어머니. 어려웠던 세월을 살아오신 어머니는 어느새 여든다섯이다. 아마도 밤이라서 잘 보이진 않았지만, 옛일을 떠올리며 눈물을 흘리고 계셨을 것이다. 인고의 세월을 살아오신 어머니이기에.

어머니의 가장 큰 행복은 칠 남매를 아무 탈 없이 잘 키운 일이라 하신다. 비록 커서 넉넉한 자식은 없어도, 세상에 이름을 올릴 만한 자식이 없어도, 몸 성하고, 죄짓지 않고, 착하게 산다는 것을 자랑으로 여기시는 어머니. 여생을 행복하게 모셔야지 하면서도 그러지 못한 불효, 마음속으로 용서를 빈다.

북두칠성 별자리가 선명한 밤이다. 방에서 텔레비전 시청을 끝낸 아내가 밖으로 나온다.

"모기 뜯는데 안 들어오고 뭐 해요?"

"……."

"이 양반이 엄마 젖 먹는다고 정신이 없나 봐."

"……."

천년을 빌려 준다면

모임이 있는 날이다. 어떤 법칙을 정한 것도 아니건만 으레 술판 뒤에는 노래방으로 간다. 노래는 약간의 취기가 있을 때 잘 불러진다. 술의 힘을 빌려 숫기가 발동되기 때문이다. 한 친구가 구성지게 노래를 부른다. '하늘이 내게 천년을 빌려 준다면, 그 천년을 당신 위해 사랑을 위해 아낌없이 쓰겠다.'는 그런 가요였다. 부부가 마주보며 얼마나 열창을 하던지 나도 모르게 푹 빠져들고 있었다. 사실 친구 부부의 노래 솜씨도 솜씨지만 그 가사가 낭만적인 듯하면서 애절함이 묻어나기 때문이다. 작사자의 가슴 아픈 사연을 담지 않았나 하는 느낌을 지울 수가 없다.

몇 시간을 그렇게 놀다가 집에 오면 잠시 동안 공허함이 엄습한다. 현란한 불빛, 요란한 음향, 세상의 풍상을 모두 토해내듯

질러대는 소리소리. 내 몸에서 여흥이 채 가시지 않았음을 느낀다. 멍한 상태로 그 가사를 흥얼거려 본다. 아무리 되뇌어 봐도 사랑보다는 후회를 노래한 것 같다. 하늘이 내게 천년을 빌려준다는 것은 불가능한 일이다. 이미 가고 없는 임이거나 몹쓸 병으로 사경을 헤매는 임을 두고 부른 자탄自歎일 것이란 느낌을 떨쳐버릴 수 없다.

흔히 친구들과 정담을 나누면서 하는 이야기 중의 하나가 '우리 후회 없이 살자'는 말이다. 그런데도 지나고 나면 후회투성이다. 이 노래 가사처럼 아낌없이 사랑하지 못한 일로 가슴 아파한다. 부모님께 다하지 못한 정성은 내리사랑이라는 속죄의 길이 주어져 있다. 가장 귀한 보석을 감추고 싶어 하는 인간의 속성인가. 부부간의 사랑은 입에 담기조차 꺼려하는 사회분위기다. 팔불출, 얼간이로 취급받기 싫어하는 심사를 모르는 바는 아니지만. 왜 진심을 숨겨두고 평생을 보내야 하는지 알 수가 없다. 사람들은 배우자와 사별할 때 가장 스트레스를 많이 받는다고 한다. 역설적으로 말하자면 가장 사랑해야 할 상대임을 증명하고 있는 것이다.

학교 친구한테서 들었던 이야기가 새롭게 떠오른다. 수년 전에 어머니를 먼저 보낸 친구의 이야기다. 그 친구 아버지는 평소 과묵한 탓인지는 몰라도 자기 어머니를 사랑으로 대한 적이 없었다는 것이다. 그러던 어느 날 어머니가 갑자기 세상을 떠났는데 아버지가 어머니를 안고 울부짖더니 그만 실어증 환자가 되고 말았다. 그때까지만 해도 어머니를 냉대하던 아버지가 미웠지만 너무도 속 깊은 사랑을 하셨구나 하는 생각에 원망이 사라지더라는 것이다. 그 뒤에 친구 아버지가 다시 말문을 열었을 때, 왜 그러셨는지를 물었더니 평생 동안 네 어미한테 '사랑한단 말 한마디 들려주지 못한 후회'에 복받쳐 그렇게 되었다는 말도 같이 들려주었다.

어느새 아내가 깊은 잠에 빠져 있다. 물끄러미 잠든 모습을 내려다본다. 사랑한다는 말을 얼마나 하고 살았을까. 별일도 아닌 것을 두고 아내가 조금 잘못해도 크게 화를 낸 적이 많다. 이것저것 충고를 하면 못마땅하게 받아들인다. 얼마나 속이 상했으면 죽어 다시 태어난다면 남자로 태어나 큰 소리도 치면서 살고 싶다는 말을 했을까. 남자 같았으면 한잔 술에 스트레스를 날려 보겠지만 지어미인 까닭에 인고의 세월이 차곡차곡 쌓여 가슴앓이가 되었나 보다.

큰아이 결혼 날짜가 결정되던 날 잠시 눈시울을 적시던 아내를 이해하지 못했다. 결혼식을 마치고 나면 바로 분가를 하게 되어 그러나 싶었다. 아들이 결혼한다는데 왜, 눈물이 나는지 모르겠다고 멋쩍게 웃는다. 그 눈물의 의미는 단순해 보이질 않는다. 태중에서부터 자식을 기른 어미가 아닌가. 만감이 교차한다는 표현이 딱 들어맞을는지 모르겠다. 그저 행복한 눈물이었으면 좋겠다.

원앙처럼 산다 한들 남은 세월이 얼마나 되겠는가. 어느 날 갑자기 세상을 하직하면 속죄의 기회도 주어지지 않는 것이 부부간이다. 지금 사랑하지 못하면 남는 것은 노래 가사일 수밖에 없다. 천년을 빌려달라고 하늘에 애원할 것이 아니라 지금부터라도 후회 없는 사랑을 하며 사는 거다.

3부 • • • 에덴을 잃어 행복하여라

멀리서 보면 피어오르는 꽃구름 같다.
자디잔 꽃들이 무수히 피어 무리를 이루고, 그 작은 꽃잎에서 이 세상을 다 덮고도 남을 향기를 뿜어내다니.

단추 하나

양복 상의 단추 하나가 뚝 떨어졌다. 직장에서 갑자기 생긴 일이라 당황스럽기만 하다. 조금 전까지 단정했던 정장 상의의 모습은 간 곳 없고 추레하게만 느껴진다. 앞 단추 두 개 중 한 개가 떨어졌을 뿐인데 꼭 싸움질하고 난 뒤의 모양새다. 순간 상황을 수습할 묘안이 떠올랐다. 여성들은 핸드백에 바늘쌈을 준비해 다닌다는 사실이 떠오른 것이다. 여직원 한 사람에게 다가가 슬며시 부탁을 했더니 바로 응급처치를 해 준다. 단추가 제자리에 달린 상의를 받아 입으면서 진정 마음에서 우러나온 고맙다는 인사를 건넸다.

퇴근길이다. 하찮은 단추 하나가 떨어진 일로 오가는 상념이 뇌리에서 떠나지를 않는다. 양복에는 반드시 단추가 달려 있기 마련이다. 양복차림으로 외출할 때에는 상의 단추 하나를 끼워서 단정함을 유지하는 것이 올바른 에티켓이다. 그렇지 않고 상의를 열어 놓고 활보하면 편하기는 해도 점잖지 못해 불량한 느낌이 전해진다. 그래서일까. 양복을 입으면 언행이 조심스러워진다. 점잖은 말씨, 무게가 실린 걸음걸이, 정중한 행동을 하게 되는 것이다. 의상은 그 사람의 정신세계에도 영향을 미친다는 말이 실감나는 대목이다.

단정한 옷차림에 신경을 쓰다보면 가끔 단추가 떨어져서 황당한 처지가 되는 경우도 있다. 부지불식간에 무리한 힘이 가해져 어느 순간 단추는 떨어지고 만다. 떨어진 단추를 집어든 채 양복상의를 바라본다. 단추가 있던 그 자리에는 사력을 다하여 버텨온 흔적이 역력하다. 끊어진 몇 가닥의 실이 죽은 듯 늘어져 있는 것만 봐도 짐작이 간다. 남은 단추를 끼워 보지만 슈트의 단정함은 사라지고 없다. 아예 단추를 채우지 않아도 추레하기는 마찬가지다. 퇴근까지 몇 시간 동안을 이런 모습으로 견딜 자신이 없다. 정말 하찮은 단추지만, 매일같이 슈트의 멋스러움과 단정함을 유지시켜 주고 있었음을 몰랐던 것이다.

작은 단추 하나, 큰 공사현장의 기공식에서 첫 삽을 알리는 폭죽도 단추 하나의 누름에서 비롯된다. 국가적인 우주사업의 완성도 단추 하나에서 끝이 난다. 카운트다운 마지막에 단추를 누르면 인공위성은 비로소 우주를 향해 솟아오르는 것이다. 단추는 모든 것을 지켜주는 마지막 보루라는 생각이 든다. 모든 것의 결정판. 화룡점정畵龍點睛의 위치에 놓인 귀한 존재가 단추라고 하면 사고의 비약일까.

'나'라는 존재 의미를 성찰하기에는 지적 능력이 부족했던 시기의 일이기는 하다. 열등의식으로 힘들었던 시절이 있었다. 자신이 너무도 나약하고 미미하게 느껴졌기 때문이었다. 시간이 지나면서 점점 웃음을 잃어갔다. 패배의식에 사로잡혀 우울한 사람으로 변해버린 것이다. 어른들은 일 잘하는 형들만 챙기는 것 같았다. 내 자신이 미웠고 무기력하게만 느껴졌다. 마침내 주변 사람들로부터 무시당하고 아무 곳에도 쓸모없는 존재라는 단정을 내 스스로 내리기에 이르렀다. 죽고 싶다는 극단적인 생각을 가져본 것도 이 시기였다. 이런 나를 부축해 주고 격려해 주는 사람은 아무도 없었다. 스스로 깨달으면서 극복해 가는 일도 어떤 의미에서는 필요하기는 하다. 그러나 너무도 오랜 시간을 힘들게 만든 기억이 새롭다.

그 당시에 어른들로부터 도움이 될 만한 말 한마디를 들을 수 있었다면 하는 아쉬움이 많은 요즘이다. 부쩍 늘어만 가는 청소년의 자살사건이 남의 일 같지 않기 때문이다. 내가 겪었던 청소년시절의 고민이 끝이 아님을 알게 한다. 그들에게 말 못할 고민과 아픔이 과거보다 더 심각하다는 사실을 보여주고 있는 것이다. 아이가 무슨 고민에 빠져 있는지 알려고도 하지 않는 그런 가정이 많은가 보다. 요즘 아이들은 금전적으로야 과거에 비할 바가 아니게 여유롭다. 그럼에도 정서적으로 많이 빈약하다는 사실을 부인하지 못한다. 물질적 풍요만으로는 해결할 수 없는 그 무엇이 있는 것이다.

내가 청소년기의 정신적 방황을 극복하게 된 것은 미국의 소설가 너대니얼 호손이 지은 <큰 바위 얼굴> 덕분이었다. 위대한 거부도 아니고, 장군도 아니고, 정치가도 아니고, 시인도 아닌 평범한 소년이 결국 큰 바위 얼굴이 된다. 그 소설 속엔 주인공이 손재주가 뛰어나다거나 특별한 능력의 소유자라는 설명도 없다. 그러기에 그 소설이 큰 위안이 되었다. 주인공인 어니스트도 가난한 집의 소년이었고, 정신적으로 성숙한 사람이 되면 큰 바위 얼굴이 될 수 있다는 데서 희망을 얻게 되었다는 사실이 새롭다.

양복의 단추 하나가 비록 작지만, 사람의 모양새를 지탱해 주는 커다란 역할을 한다. 인간도 살아감에 있어 각자가 가지고 있는 독특한 능력과 권능이 이 사회를 지탱해 주는 하나의 단추임을 스스로 깨달았으면 하는 바람이 간절하다.

가인의 후예

— 어떻게 사람을 죽일 수 있어.
— 나라도 그랬을 거야.

인터넷 기사에 실린 댓글이다.

한 주부가 자기 남편을 흉기로 찔러 죽였다. 그 여인의 남편은 주사酒邪가 심한 사람이다. 술에 취해 들어오는 날이면 어린 자식에게 곧잘 손찌검을 해댔다. 사건이 터진 날 밤에도 그 남자는 술기운이 심한 상태였고, 아버지를 무서워한 아이는 큰 소리로 울었다. 아비라는 사람이 아이의 목을 조르면서 밖으로 끌고 나갔다. 단지 아이 우는 소리가 시끄럽다는 이유였다. 이에 격분한 지어미가 지아비를 흉기로 찔러 죽인 사건이다. 사건의 전말 기사에서 조금 더 읽어 내려가면, 네티즌들이 이 여인을 구명하기 위하여 인터넷 서명운동을 전개한다는 내용이다.

숨 가쁘게 돌아가는 세상 탓인지, 우리는 남의 말을 끝까지 들으려 하지 않는 경향이 있다. 심지어 대화 중에 남의 이야기를 가로채는 일도 서슴지 않는다. 이러한 습관은 신문을 읽을 적에도 그대로 나타난다. 큰 제목만 읽고 판단해 버리는 것이다. 내용을 제대로 파악조차 하지 못한 채, 사건 자체를 단순하게 받아들이는 오류를 범하게 된다.

이 사건 역시 꼼꼼히 살펴야 할 부분이 있다. 단순한 살인사건으로 치부하기에는 뭔가 모자람이 많다. 단말마의 어린 아들의 비명, 남편에 대한 증오가 한데 섞인 상황이다. 순간 아들을 살려야겠다는 모성은 전광석화와도 같은 행동으로 이어졌을 것이다. 수많은 네티즌들이 그 여인을 구명하는 일에 나선 것도 사건의 이러한 이면을 보았기 때문일 게다.

창세기에서 기술하고 있는 인류 최초의 친족 살해 사건의 동기는 단순하다. 그것은 번제 의식 끝에 동생 아벨에 대한 가인의 시기심에서 비롯된 것이다. 하느님은 가인이 농사를 지어 드린 제물은 가납하지 않고, 아벨이 기른 양을 제물로 드린 것만 받아들여졌기 때문이다. 이렇듯 단순한 감정상의 문제를 삭이지 못하고 끔찍한 일을 저지른 가인이다. 그를 단죄하기란 그렇게 어렵지 않다. 내 자신 가인을 어떻게 변론해야할지 적당한 말이 떠오르지 않는다. 가인의 행위는 동정의 여지를 찾을 수 없다는 의미일 게다. 다른 사람들의 시각도 별반 다르지 않을 것이라 생각한다. 오히려 '어떻게, 형이 시기심 하나로 그것도 남이 아닌 동생을 죽일 수 있단 말인가.' 하면서 분개하는 사람이 더 많지 않을까 싶다.

이 두 사건의 공통점을 생각해 보았다. 실정법상으로는 살인죄가 성립된다. 사람이 사람을 죽였기 때문이다. 또한 두 사건의 동기는 '증오'라는 공통점을 가지고 있다. 그러나 한 사람은 동정을 받았으며 한 사람은 영원한 살인자의 대명사로 비난받고 있다. 실로 엄청난 인식의 차이를 보이는 것이다. 그 차이라는 게 무엇일까. 아마도 명분이 아닐까라는 생각이다.

우리네 일상의 삶 자체가 명분이라는 카테고리에 얽혀 있다. 내가 왜 이 일을 해야만 하는지. 내가 왜 이 길을 걸어야만 하는지. 내가 해야만 하는 이런 일들이 가족과 나아가 사회와 국가에 얼마만큼 기여하게 될지를 고민한 연후에 행동으로 옮겨야 한다. 무턱대고 돈키호테처럼 달려들 일이 아닌 것이다.

분명한 명분은 한 사람의 힘과 용기를 더해 주는 묘약이 될 수 있다. 목표를 향해 지칠 줄 모르고 달려갈 수 있는 에너지원이기도 하다. 반드시 그 명분은 선과 정의의 바탕에서 정립되어야만 한다. 그렇게 되었을 때만이 무모하고 아둔한 자의 출현을 막아 가정이나 사회, 더 나아가 인류에 대한 재앙을 막을 수 있는 것이다.

가까운 시대의 역사를 보더라도 짐작할 수 있다. 두 차례의 세계대전을 겪으면서 얼마나 많은 인류가 죽음이라는 극단적 상황으로 내몰렸던가. 이 같은 불행의 근원도 전범국 리더의 빗나간 명분에서 시작되었음을 부인하지 못한다. 후세에까지 나치즘, 파시즘, 군국주의를 경멸하고 비난하는 이유가 될 것이다. 이처럼 명분이 없거나 약한 전쟁은 역사에 기록되어 두고두고 세인의 비난을 받을 수밖에 없다.

그뿐이 아니다. 정당하지 못한 부의 축적이나 힘의 행사도 이의 범주에 드는 것이다. 불가에서 살생을 가려서 하라는 뜻도 명분을 중시한 가르침일 수 있다.

우리가 창세기에 등장하는 가인의 행위를 경계警戒해야 할 이유다.

에덴을 잃어 더 행복하여라

창세기에 나오는 에덴. 인류의 최초 조상이 살던 낙원이다. 삶이 팍팍하고 고달프게 느껴지는 날이면 동경의 대상이 되기도 하는 그곳. 그곳에 살았던 '아담과 이브'를 생각하게 한다. 그럴 때면 상상은 타임머신의 세계로 가기 마련이다.

햇살은 따스했고 지천에 과일나무가 우거졌다. 열락의 새가 울고 아담과 이브는 사랑에 빠졌다. 도처에 온갖 먹을 것이다. 그냥 그것을 취取하면서 놀고, 사랑하고, 잠들면 된다. 무엇 하나 부족한 것 없는 낙원이다. 그런 호사스러운 세월의 반복은 두 사람을 무료하게 만들어 버린다. 그들은 지금보다 더 즐겁고 재미있는 일이 없을까를 궁리하기에 이른다.

이 시기에 뱀이란 놈이 이브에게 접근을 하게 된 것이다. 무료한 나날을 보내는 동안 새로운 세상을 갈망하던 이브다. 순간 뱀의 요사妖邪에 빠져들어 조물주의 경고를 잊은 채 금단의 열매를 따 먹고 만다. 그것은 조물주가 주의를 당부했던 바로 그 선악과였다. 맛과 향기는 이브의 이성을 마비시키기에 충분했다. 마침내 유혹은 이브에게서 남편 아담에게로 전해진다. 이브의 달콤한 설명에 아담은 금기를 어기고 만다. 아담이 그 선악과를 다 삼키기도 전에 조물주의 노기에 찬 음성이 들리고, 마침내 아담과 이브는 에덴에서 쫓겨나고 말았다.

조물주는 처음부터 아담과 이브를 에덴에서 내쫓기 위하여 덫을 놓아두었다는 의혹을 살 만한 대목이다. 선악과를 있게 한 것과 뱀을 같이 살게 한 것을 보면 그런 상상이 가능한 것이다. 곳곳에 지뢰를 심어 놓고 기다린다면 누가 다치지 않고 무사할 사람이 있겠는가. 그럼에도 에덴의 질서를 파괴한 대가는 너무도 가혹하기만 하다.

지금의 세상살이가 행복한가, 고난의 연속인가를 묻는다면 대부분의 사람들은 후자를 택할 것이다. 태초에 인류의 조상이 저지른 원죄에서 벗어나지 못했기 때문이다. 그러기에 오랜 세월, 인간의 의지로 고통의 멍에를 벗어내려고 애를 써 왔다. 그렇지만 어떤 학문이나 종교도 인류의 원죄를 극복하진 못했다. 경제적 이유로 고통 받는 인구가 얼마이던가. 그런가 하면 경쟁사회의 틀 속에 갇혀서 허우적대는 인구는 또 얼마인가. 갈등이라는 심리적 고통을 겪는 인구까지 고려한다면, 그 어느 곳에도 에덴은 없는 것이다.

철없던 시절에는 성경 속의 창세기를 읽으면서 아담과 이브에게 조소를 보내기도 했다. 안 되면 조상 탓이라는 말처럼 성경책을 읽다 말고 덮어버린 어린시절이 있었다. 무엇보다 뱀이 미웠다. 요사스런 두 가닥 혀로 이브를 유혹하다니. 그들이 결국 밟게 될 수밖에 없는 덫을 놓았다는 생각에 이르면 조물주마저도 야속하기는 마찬가지였다.

원망은 이어졌다.

—그들이 복에 겨워서 나쁜 짓을 한 것이다.

—지금 우리가 힘들게 살고 있는 것도 모두 그들의 잘못이야.

정말 철부지적 사고思考였다. 아담과 이브가 금단의 열매를 따 먹었던 사건으로 말미암아 홀로서기가 가능하지 않았을까. 그것은 진정 인간을 만물의 영장으로 우뚝 세우기 위한 신의 뜻인지도 모를 일이다. 아담과 이브가 에덴에서의 편안한 삶에 안주하였다면 지금의 우리들은 더 불행한 삶을 살고 있을지 누가 알랴.

성인成人의 사고로 다시 한번 되짚어 본다. 경외의 마음뿐이다. 인류가 부지런히 일하면 먹고 살 수 있도록 하지 않았던가. 거기에다 영원히 낮과 밤을 주었다. 낮에는 일하고 밤에는 충분히 휴식을 갖도록 배려한 것이다. 그런가 하면 누구나 희로애락을 고루 체험토록 했다. 그리고 마지막엔 죽음으로 일생을 완성함으로써 하늘나라로 되돌아오도록 한 것이다.

아담과 이브는 결코 에덴에서 쫓겨난 것이 아니다. 그것은 그들의 선택일 뿐이다. 조물주가 그들을 에덴에서 내쫓은 것이 아니라 그들이 인간답게 살도록 배려한 것이다. 그러기에 우리는 아담과 이브가 에덴을 떠나 살아온 것처럼 그렇게 살면 된다. 에덴을 다시 찾으려고 헤매는 환상을 버릴 때 진정 행복한 삶을 누릴 수 있는 것이다.

벼랑 끝에 서다

하천둑길을 따라 걷는다. 이만한 행복도 없다. 여름밤 호젓한 둑길을 아내와 앞서거니 뒤서거니 걷기도 하고, 손을 잡고 흔들며 어린애들처럼 걷기도 한다. 온갖 풀벌레소리가 평화롭기 그지없다. 졸졸 흐르는 시냇물소리는 발걸음 따라 정겹기만 하다. 하루살이 떼가 가끔씩 눈앞을 가로막기는 해도 이름 모를 들꽃 향기가 어우러진 밤바람이 좋다.

오늘 밤은 쉽게 잠이 오질 않는다. 한 시간 반 정도 걸리는 산책길에서 흠뻑 젖은 몸을 샤워로 식히고 나면 곧잘 찾아오는 노곤함을 느낄 수가 없다. 조금 전에 목격한 광경을 떠올려서다.

집으로 돌아오는 길이었다. 산책로 풀숲에서 흰색 강아지 두 마리가 서로 몸을 포개어 잠든 모습을 보았다. 처음에는 어슴푸레하여 흰 솜뭉치 같은 물체로만 보였다. 가까이 다가가 자세히 살펴보니 어른 주먹 크기만 한 것이 서로 몸을 맞대고 이슬을 맞고 있었다. 흰 털이 복슬복슬한 예쁜 강아지였다. 주위에 어미 개가 없는 것을 보니 야생 상태에서 태어나 버려졌거나, 누군가가 내다버린 게 분명했다. 데려다 집에서 키우고 싶었지만 아파트라서 그럴 수가 없었다.

자꾸만 발걸음이 무거워진다. 말 못하는 짐승이라 배고프다고 칭얼대지도 못하고 굶어 죽게 생겼다는 생각에 더욱 애처롭게만 느껴진다. 밤이라서 동물보호단체에 전화를 하는 것조차 어렵다. 내가 할 수 있는 일이라곤 하나도 없다. 그저 이 밤을 잘 넘기고, 매정하게 돌아섰던 어미가 다시 찾아오기만을, 강아지가 필요한 사람한테 발견되기만을 기원할 수밖에 없었기에 더욱 미안한 것이다.

내 양심 한구석에서 질책의 소리가 들렸다. 진정 내가 할 수 있는 일이 그것밖에 없었느냐고 따지는 울림이었다. 오늘 하룻밤이라도 집에 데려와 우유도 먹이고 잠을 재워 다음날 동물보호소에 보낼 생각을 하지 못한 일에 대한 반성이었다. 비록 그것이 인명이 아니라 하더라도, 진정한 생명체에 대한 존엄과 경외심을 가졌다면, 지금처럼 안 된다는 생각만을 할 수 있었을까.

하등생물에서부터 인간에 이르기까지 누구의 보살핌 없이 살아남은 종種이 얼마나 될까. 보잘 것 없는 물고기 한 가지만 보더라도 새끼가 다 자랄 때까지 지극한 정성으로 한 생명을 잉태하고 지켜주는 어미고기를 텔레비전 영상물에서 보았다. 알이 깨어날 때까지 어미는 쉴 새 없이 지느러미를 움직여 산소를 공급해 주고 침입자를 쫓아내고 있었다. 마침내 새끼가 태어나고 어미는 생을 마감하는 장면을 보면서 위대한 모성애를 느끼게 된다. 그것이 동물의 본능이겠지. 자연생태계의 먹이사슬이고, 질서라고 애써 의미를 두지 않으려 해도 소용이 없다. 인간이건 미물이건 일정기간 부모의 보호가 필수적이라는 공통점이 있기 때문이다.

야생 고양이와 개들이 부쩍 늘어났다. 모두가 집에서 기르던 것이 분명한데 사람들이 돌보지 않으니 야생으로 살아간다. 한때는 가족들을 즐겁게 하고 사랑을 받으며 자랐을 생명들이 아닌가. 무슨 이유에서인지는 몰라도 한 가지 사실만은 분명한 것 같다. 생명에 대한 경시 풍조가 넓게 자리 잡아가고 있다는 사실이다. 필요에 따라서는 가까이 두고 여의치 않으면 내다버리면서 아무런 죄의식을 갖지 않는 잔인성에 걱정이 앞선다.

신생아를 버리고 달아나는 철없는 부모가 있는가 하면, 우직하게 미혼모로 사는 사람도 있다. 흔히 들려오는 무덤덤한 이야기쯤으로 받아들이게 된 지 오래다. 심장을 뒤흔드는 충격을 던지고 싶은 걸까. 며칠 전의 보도에 전율을 느낀다. 인터넷 매체를 이용하여 신생아를 사고팔았다니 믿고 싶지 않으나 그게 현실이라니 사람들이 얼마나 더 잔인해야 한단 말인가.

자식을 버리는 일을 예사로이 저지르고 받아들이더니 드디어 큰일을 내고 말았다. 자식을 사고파는 세상으로까지 왔다면 이것은 벼랑 끝까지 오고 만 것이 분명하다. 모든 생물의 새끼 보호본능마저 퇴색되는 세상의 변화에 현기증을 느낀다. 왠지 마음 한 구석이 서글퍼진다. 이런 저런 생각에 잠 못 이루는 여름밤이다.

독일 여자

어느 유학생의 기고문을 읽었다. 이차 대전을 겪으면서 몸에 밴 독일 국민들의 검소함에 대한 글이다. 그들의 검소함은 익히 들어 알지만, 이 기고문은 나에게 커다란 감명으로 다가왔다. 지금도 독일 주부들이 해진 양말을 기워 신는다는 것쯤은 알고 있는 나에게도.

객지생활을 해 본 남자들이면 다 겪는 일이지만, 양말을 깨끗이 세탁한다는 게 그리 쉬운 일이 아니다. 겉옷 같으면 세탁소에 맡길 수가 있다. 매일 갈아 신어야 하는 양말은 본인이 직접 빨아 말려서 신어야 한다. 그게 잘 안 되니까, 궁리 끝에 한꺼번에 양말을 많이 사서 돌려가며 신는다.

글을 쓴 사람 역시 그렇게 했다. 귀국 날짜가 임박한 시점에 한번씩 신고 모아 둔 양말을 쓰레기통에 버리고 왔다. 그런데 그 하숙집 안주인은 버리고 온 양말을 깨끗하게 세탁해서 자신에게 항공우편으로 보내왔다는 내용이었다.

얼마나 감명을 받았으면, 한편으로 얼마나 부끄럽게 느꼈으면, 지상에 기고를 했을까 싶다. 전후 폐허를 딛고 일찌감치 선진국 대열에 들어선 독일이다. 이차대전이 끝난 지가 육십여 년의 세월이 흘렀건만, 아직까지 그때를 잊지 않고, 가정에서부터 검소한 생활을 이어오고 있음에 감명을 받았던 것이다.

같은 시기에 새 출발을 한 우리는 어떤가. 일제 식민지로부터 해방을 맞은 우리들은 그 쓰라린 아픔의 역사를 잊고 사는 것은 아닌지. 내 주변의 예를 보더라도 그렇게 느껴진다.

아파트에서 이사하는 사람마다 잔뜩 세간을 내어놓고 간다. 그들이 떠난 후에 보면 멀쩡한 장롱이며, 책상이며, 책이며, 가스레인지 같은 꽤 값나가는 물건들이 수두룩하다. 괜한 걱정이 앞선다. 우리가 이래도 되는지, 그 기고문의 메시지가 뇌리를 떠나질 않는다.

불과 십여 년 전에 우리나라가 IMF 구제금융을 받았다. 그때에도 우리 사회는 과소비가 만연되어 있었다. 그 뿐이 아니다. 너도 나도 외유성 해외관광이 유행병처럼 퍼졌다. 해외관광을 하기 위해 마을마다 계모임이 성행되기도 했다. 이 같은 과소비는 결국 외환 부족 사태를 불러왔던 것이다.

IMF 구제금융 지원이 결정 되던 날, 우리는 제2의 국치를 당했다고 허탈해 했다. 처음엔 정부에 대하여 울분을 터트려보기도 했다. 그러나 시간이 흐를수록 자성의 목소리가 나오기 시작했다.

흥청망청 과소비를 부추긴 자신들에 대한 반성이 있었다. 마침내 국민운동이 일어났다. 돌반지부터 결혼반지까지 아낌없이 금붙이를 내놓았다. 이것을 모아 수출하여 벌어들인 외화가 이십일억 불이나 되었다. 세계인들을 놀라게 하고도 남음이 있었다. 그렇게 하여 어려운 고비를 극복한 지 불과 십여 년이 흘렀을 뿐이다.

우리가 과소비를 경계해야 할 이유는 간단하다. 대부분의 원자재를 수입에 의존하는 관계로 이 부분 외화 유출이 많을 수밖에 없다. 외유성 관광도 마찬가지다. 경상수지 적자의 요인이 되기 때문이다.

얼마 전에 우리 집에서도 그 기고문의 내용과 비슷한 일이 있었다. 아내가 헌옷을 박스에 가득 담아 놓았다. 여러 해를 입어 약간 낡기는 했으나 아직까지 입을 만한 것들이다. 그중에서도 정말 아까운 것은 애들 옷이다. 하루가 다르게 몸집이 커 가니 이 년 전에 입었던 옷이 맞을 리 없다. 그렇다고 물려받을 애들도 없으니, 내놓을 수밖에 없기는 하다. 문득 그 독일 여자의 절제된 모습을 떠올리며 나도 모르게 몰래 뒤적거려 보았다. 아직도 쓸만한 옷을 내오지나 않았는지를 확인하기 위해서였다.

아내에게는 좀 미안한 행동이지만, 그 기고문을 읽은 사람으로서 옳은 일이라고 생각했기 때문이다.

옛말에 나라가 위태로우면 어진 신하를 생각하게 되고, 가정이 어려우면 어진 아내를 생각한다는 말이 있다. 그 독일 여자같이 가정과 나라를 걱정할 줄 아는 사람으로 살아가야겠다. 부끄러운 역사가 되풀이되지 않기 위하여.

겨울에 띄우는 편지

올해도 겨울바람이 차갑습니다. 그렇지만 어린 시절 그 겨울 추위만큼은 아닌 것 같습니다. 날씨가 점점 추워지면, 잊힌 연인을 기억해 내듯 제주에 계신 선생님을 추억합니다. 교육대학을 갓 졸업한 총각 선생님이었습니다. 그 시절 농촌에는 자동차는 고사하고 전기도 들어오지 않던 시절이었습니다. 선생님 하숙집은 우리 옆집이었습니다. 솔방울 주워다 군불 지피고, 세숫대야에 우물물 떠서 세수하던 시절이었습니다. 그래도 선생님 방에는 촛불이 있었습니다. 그 촛불 밑에서 저희들을 밤늦도록 가르쳤습니다. 도시아이들보다 더 열심히 공부하지 않으면 영원한 촌놈이 된다고 하시면서 말입니다.

초등학교 사학년 시절, 겨울방학을 며칠 앞둔 어느 날이었습니다. 그날따라 둔덕 골바람은 지독한 한기를 머금고 있었습니다. 출근하는 선생님의 너른 등을 바람막이 삼아 학교를 가던 중이었습니다. 얼마나 집안이 가난했던지 장갑도 끼지 않고 양말도 신지 않은 벌거숭이 손발이었습니다. 학교길 중간쯤에 작은 마을이 있습니다. 그만 거기서 울고 말았습니다. 너무도 심한 추위에 뼈가 아렸기 때문입니다. 그제야 선생님은 눈물범벅이 된 저를 보게 되었습니다.

호롱불을 벗 삼아 공부하던 그 시절, 가난을 숙명으로 알았습니다. 누구를 원망하거나 비교할 줄도 몰랐습니다. 그래서인지 장갑을 낀 애들은 극소수였습니다. 그렇지만 저처럼 양말이 없어 벗고 다니는 애들은 그리 흔치 않았습니다. 언 손을 모아 입가에 대고 입김을 불던 저의 손을 이끌며 선생님께서 말없이 가게로 갔습니다. 나일론 양말 한 켤레를 사서 저에게 주었습니다. 아무 말씀도 없었지만 새 양말의 포근했던 느낌은 지금도 잊히지 않습니다.

나일론 양말의 따스한 감촉이 언 발을 녹여주던 그때의 기억을 어찌 잊을 수 있겠습니까. 지금도 그날을 생각하면서 선생님을 그리워합니다. 어려운 사람들의 아픔을 생각할 줄 아는 가르침도 함께 주셨습니다. 춥고 배고픔이 얼마나 큰 고통인지, 그러면서 다른 사람이 베푼 사랑이 얼마나 고맙고 따스한지를 느끼게 하셨습니다.

어언 사십육 년의 세월이 훌쩍 지났습니다. 선생님 막내아들 결혼식이 서울에서 있다는 소식을 객지 친구한테서 들었습니다. 그날은 잠이 오지 않았습니다. 이 년 가까운 세월 동안 우리들담임이셨기에 추억도, 이야기도 끝이 없을 것 같습니다. 사제간이라기보다 친구처럼 보낸 세월이기 때문입니다. 우리들이 초등학교를 졸업하고 상급학교를 진학하여 소식이 끊어진 사이, 교직을 그만두고 고향 제주로 가셨다는 사실을 뒤늦게 알게 되었습니다. 짧은 교직생활이었기에 배출한 제자도 저희들이 처음이자 마지막이라는 말씀에 더욱 가슴이 벅차오릅니다. 선생님의 기억 속에, 마음 한가운데에 저희들이 자리하고 있을 테니까요.

저희들의 손목을 힘주어 잡아주시던 선생님, 정말 오랜만에 느껴본 선생님의 따뜻한 체온이었습니다. 마음 같아서는 선생님 껴안고 펑펑 울고 싶었습니다. 너무 기뻐서 말입니다. 옛날 그 모습에서 크게 변하지 않아 오랜 세월의 간극을 좁혀 주었습니다. 저희들의 변한 모습이 대견스러운지 친구분들한테 제자 자랑하느라고 하객 맞는 일도 뒷전이시던 선생님.

사람은 기뻐도 눈물이 나나 봅니다. 저희들 인사 받으시면서 눈가에 어린 눈물을 보았습니다. 그 눈물방울마다 어릴 적 우리들이 담겨 있음을 알았습니다. 지극한 사랑, 아련한 추억이 석류알처럼 알알이 박힌 눈물이었기에 더 이상 말이 필요 없었습니다.

플래시 불빛으로 조명을 대신했던 학예발표회 때 동극이며, 갯벌투성이가 되도록 조개를 잡던 기억이며, 웅변, 동시, 서예, 미술, 야구를 가르쳐 주시던 열정이며, 동요 몇 곡을 생소한 영어로 가르쳐 주시며 재미있는 단편소설을 읽어 주시던 맏형 같았던 선생님. 강산이 네 번이나 바뀌어도 잊히지 않는 수많은 추억들이 주마등처럼 스쳐갔습니다.

선생님은 있어도 스승은 없다는 세간의 탄식을 저희들은 남의 말처럼 느낍니다. 선생님을 영원한 스승으로 모신 덕분입니다. 선생님의 가르침은 저희들의 등댓불이 되었습니다. 영원히 꺼지지 않는 마음의 등댓불로 간직하겠습니다.

하직 인사를 올리고 귀갓길이었습니다. 쉴 새 없이 변해가는 차창 밖의 풍경을 하염없이 보고 있었습니다. 그 위로 선생님의 눈물 젖은 얼굴이 자꾸만 오버랩 되어 떠올랐습니다.

내 일과 남의 일

저녁 뉴스가 시작되었다. 이 시간대에는 가족간의 대화도 하지 않는다. 뉴스를 좋아하지 않는 아내는 슬그머니 안방으로 자리를 옮겨버린다. 뉴스시간 동안 거실 텔레비전 앞에는 나 혼자일 때가 많다.

"아직까지 집으로 돌아오지 않은 어린이를 찾습니다."

아파트 관리실의 방송이 있었지만 건성으로 듣고 흘려보내고 만다. 오로지 뉴스보도에만 빠져들고 있었다.

공교롭게도 뉴스에서도 실종어린이 사건을 다룬다. 나와는 무관한 사건일 뿐이라며 무게를 두지 않았다. 다음 보도를 기다리던 나를 부끄럽게 만든 것은 실종어린이 부모의 인터뷰를 보고 난 뒤였다. 어느 날 홀연히 사라진 자식을 찾기 위해 시청자를 향해 애타게 호소하는 부모의 모습을 보게 된 것이다. 비로소 예삿일이 아님을 느끼게 되었다.

오래 전 서울에서 일어났던 사건이다. 어느 해 겨울 밤, 한 어린아이가 아파트 복도를 걸어 다니며 울고 있었다. 그 어린애 울음소리를 들은 가정마다 똑같은 행동을 보였다. 자기 가족에 이상이 없으면 그만이었다. 집을 찾지 못해 울고 있는 그 어린애한테는 아무도 관심을 갖지 않았다. 그 어린이는 밤새도록 울면서 이 통로 저 통로를 다니다가 추위와 허기에 지쳐 죽고 말았다는 것이다. 비정한 세상인심이 부른 참혹한 사건이었다.

이 같은 사건을 전해 들으면 대부분의 사람들은 흥분을 감추지 못한다. 누구인지도 모르면서 비난을 하기 일쑤다. 나 역시 똑같은 행동을 보였다. 아파트의 여러 이웃들이 그 어린애 울음소리를 듣고도 무관심으로 일관한 데 대한 비난이었다. 어린이 실종 사건은 최초 발생일로부터 삼 일간이 중요하다는 전문가의 설명을 들어 알고 있다. 알면서도 행하지 않음은 우리 인간의 세 가지 정신적 범죄 중의 하나라는 말이 있다.

그런데 지금 내가 그런 사람이 되어 있지 않은가. 뉴스에서 일어난 사건은 그렇다 치더라도 지금 내가 살고 있는 아파트 단지 안에서 어린이를 찾는 방송을 듣지 않았던가. 이제야 생각이 여기에 미치다니 부끄러운 일이다. 얼른 현관문을 열고 밖을 살펴보았다. 혹시 관리실에서 방송한 그 어린이가 우리 아파트 입구에 쪼그리고 앉아 있을지 모를 일이기 때문이다. 어른들만 드문드문 오갈 뿐 어린이는 보이지 않았다.

국내에서만 매년 팔천여 건의 어린이 실종사건이 일어난다는 사실에 놀라지 않을 수 없다. 실종 어린이 부모들이 직접 거리에서 전단을 만들어 돌리는 모습을 보았다. 다니던 직장도 버리고 생업도 팽개친 가족들이다. 어디 한두 사람이 찾아 나서서 될 일인가. 누구나 실종 어린이를 찾는 데 관심을 기울여야 할 이유다.

전파를 타고 흐르는 그 부모의 애타는 절규에 가슴이 저려온다. 만약 내가 실종어린이 부모라면 그 심정이 어떠했을까. 아마도 형언할 수 없는 단장의 아픔을 겪을 것이다. 오 년 전 일이지만 연년생인 아들 둘을 군에 보낸 일이 있다. 그로부터 여러 날을 가슴 한구석이 허전해 아이들이 지내던 방에 밤새도록 전등을 켜 놓기도 하였다. 기껏해야 군복무를 위해 잠시 헤어진 것뿐이었는데 말이다. 이 같은 내 경험에 비추어 본다면 자식의 생사를 알 길 없는 상황에서 애만 태워야 하는 그 부모들의 심정을 어디에 비할까.

남의 일에 이것저것 간섭하는 일은 없어야 한다. 하지만 사람이 살아가는 데 있어 최소한의 협동심은 가져야 되지 않을까 싶다. 이 세상에는 내 일과 남의 일을 구분 지어서는 안 될 일들이 많은 것이다.

꽃샘추위

며칠을 두고 훈풍이 불더니 봄꽃이 지천에 피어났다. 복사꽃, 모과꽃, 참꽃이 흐드러지게 피었다. 새봄의 정취를 온몸으로 느끼기에 충분하다. 그중에서도 순백의 목련 꽃에 눈이 시리다. 이른 봄에 피는 꽃이 모두 그렇듯이 목련도 잎이 나오기 전에 꽃망울을 맺는다. 성급하게 피어나는 봄의 전령사를 보면서 조바심이 앞서는 것은 무엇 때문일까. 새봄을 맞는다는 기쁨보다도 불청객을 떠올려서다.

지난해, 꽃샘추위로 떨어지던 목련꽃을 보며 얼마나 안타까워했는지 모른다. 내일쯤이면 만개한 목련꽃을 카메라에 담을 수 있겠다 싶었다. 그 바람은 하루아침에 누렇게 변해 떨어지는 목련꽃잎과 함께 사라져 갔다. 간밤에 불어온 꽃샘추위가 그렇게 잔인하게 느껴질 수가 없었다. 제발 올해는 무사히 지나갔으면 좋으련만. 그럴 수가 없다면 스쳐가듯 그렇게 흔적만 남기고 갔으면 좋으련만. 올해도 조마조마한 마음으로 새봄을 맞는다.

꽃샘추위, 이른 봄에 봄소식을 전하기 위해 피어나는 꽃을 시샘해서 몰고 온 추위를 이름이다. 찬 기운이 가시지 않은 옅은 봄볕에 의지하여 피어난 화사한 꽃송이를 시샘하는 반짝 추위다. 봄꽃 향기에 끌려 모여든 벌과 나비도 화들짝 놀라 어디론가 숨어버린다. 섣불리 봄옷으로 갈아입고 나들이한 아낙들이 웅크린 채 종종걸음으로 오간다. 봄은 아직도 아득히 멀게만 느껴지고 뻗쳐오르던 희망마저 꺾어버린 듯하다.

자연계에서만 꽃샘추위가 존재하는 것일까. 그래도 식물들은 짧은 꽃샘추위를 겪으면서 결국에는 녹음에 이르게 되지만, 사람들은 그렇지 않은 것 같다. 얼마나 많은 사람들이 가슴을 훑고, 때로는 예리한 송곳으로 파고드는 듯한 꽃샘추위를 겪고 살까. 생각이 여기에 이르면 알 수 없는 눈물이 난다. 서로 관계를 맺지 않고는 살 수 없는 것이 인생사다. 부모와 자식, 남편과 아내, 친구와 친구, 스승과 제자……. 그 관계에서 어느 한편이 꽃샘추위를 불러 일으켰을 때, 어느 순간 희망은 절망으로 미소는 증오로 돌변하는 경험을 떠올리게 된다.

지금껏 살아오면서 마음에 생채기를 낸 적이 많다. 하나하나 들추어보면 무심코 내뱉은 그 말 한마디였다는 사실이다. 더구나 친숙한 사이일수록 더욱 깊은 상처를 오랫동안 남기게 됨을 경험했다. 뼈에 사무치는 말이 있는가 하면 하루 이틀이면 잊히는 것도 있는 것이다. 그런가 하면 내 자신의 진실과 상관없이 남들의 오해로 인해 상처를 받는 일이 있다. 그 오해가 해소될 때까지 정말 혼자서 열병을 앓아야 한다. 우리들은 이런저런 일들로 해서 상처를 주고받는 존재다.

문득 무서운 생각이 든다. 내가 받은 상처만 생각하는 동안 남에게 나는 어떤 잘못을 저질렀는지 기억이 없다. 아니 전혀 깨닫지 못하고 살고 있는지도 모른다. 마치 큰 돌을 집어온 사람은 그 장소를 쉽게 기억해 내어 도로 갖다 놓을 수 있으나 여기저기서 조약돌을 주워온 사람은 처음 장소에 갖다 놓을 수 없는 이치와 같다. 그렇다고 지금에 와서 한 사람 한 사람에게 물어볼 수도 없는 노릇이다. 하루하루 만나는 사람마다 배려하면서 마음에 상처를 남기지 않아야 할 이유다. 밝은 얼굴, 온유한 말씨, 따뜻한 마음씨야말로 훈훈한 봄바람이 아니겠는가.

올해는 꽃샘추위가 길기도 하다. 꼭 일주일을 두고 찬바람이 불어와 막 봄꽃이 피어오르다 멈추었다. 하도 세상이 각박하고, 정이 메말라가는 것이 안타까워 일깨우려 함인지 모를 일이다.

돼지새

어느 책에서 '돼지새'라는 생소한 단어를 보게 되었다. 날지도 못하고, 뛰지도 못하는 새에 붙여진 이름이었다. 그 새에 대한 이야기의 대강은 이러하다.

지금으로부터 사백 년 전, 네덜란드의 상선 한 척이 난파되어 표류하던 중 가까스로 우리나라 남해 어느 무인도에 상륙하였다. 그곳에는 이상한 새가 무리를 지어 서식하고 있었다. 이 새들은 날지도 못하고 뛰지도 못하는 새였다. 지천에 먹잇감이 널려 있어 느릿느릿 움직이며 게걸스럽게 먹어대었다. 그러다 보니 몸체는 피둥피둥 살이 쪘고, 날개는 퇴화했던 것이다. 선원들은 그 새를 '돼지새'라 이름 지었다. 무인도에 갇힌 신세가 된 선원들은 먹을 것이 없어 이것들을 잡아서 구워 먹기로 했다. 꿩

장히 맛있는 고기였다. 이들이 구출되어 돌아가면서 이 새들을 모조리 잡아 소금에 절여 본국으로 가져가는 바람에 멸종되었다는 내용이다.

오늘은 겨울날씨답지 않다. 이럴 때는 산책이라도 하고 싶어진다. 평소 잘 다니는 고현천 둑길을 향했다. 거기서 별난 광경을 목격했다. 겨울철이면 떼 지어 날아다니던 청둥오리들이 오늘은 하천바닥에 쫙 깔렸다. 얕은 물에서 먹이를 찾는 놈, 털을 고르는 놈, 부리를 날갯죽지에 박고 오수를 즐기는 놈……. 여름철 어느 해수욕장의 피서 장면을 보는 듯하다.

벼 수확을 마친 들판에 가면 아직도 낟알이 남아 있을 법도 한데, 하필이면 차디찬 시냇물에서 북적인다. 그렇지, 추수가 끝난 뒤부터 가을 동안 들판의 낟알을 모두 주워 먹었으니 먹이가 더는 없을 수도 있다. 하천 바닥을 훑고 물풀을 헤치는 오리들의 생존경쟁이 한창이다. 먹이 사냥에 열중인 오리들을 보니 먹고 사는 일만은 인간과 다름이 없다는 생각이 든다. 사람들도 궁극적으로는 먹고 살기 위해서 경제활동을 하는 것이다. 미물이 더 나은 내일을 꿈꾸며 살까. 오로지 살아남기 위해서다. 차디찬 시냇물을 마다 않고 생존의 몸부림을 치는 모습이 가엾게 느껴진다.

겨울철이라 그런지 산책객들이 그렇게 많지는 않다. 그래도 오리 입장에서 보면 사람들은 경계의 대상이다. 사람들이 살금살금 숨죽이고 지나는 것도 아닌데 전혀 의식하지 않는다. 아예 관객 정도로 느끼는 모양이다. 아니면 수많은 무리를 믿고 겁이 사라진 이유일 수도 있다. 하여간 예전의 오리와는 판이하다는 느낌이다. 본시 오리란 놈은 밤잠을 잘 때에도 꼭 몇 마리는 보초를 선다. 조금이라도 수상한 낌새가 보이면 무리를 깨워 요란스럽게 하늘로 날아올랐던 것이다. 야생동물을 마음대로 잡았던 시절에도 무리를 지키고 종을 번식시킬 수 있었던 것은 이 같은 그들 나름의 경계의식이 있었기 때문이 아닐까.

가금류라든지, 가축들은 사람들에 대한 경계심이 대체로 약하다. 심지어 사육장 가까이에 인기척이 나면 우르르 몰려들곤 한다. 사람들의 손에 의하여 한때의 호사를 누린 대가는 비참하다. 사람들은 그것들을 일정기간 키워서 잡아먹거나 시장에 내다팔아 버린다. 어떻게 처리되었건 결국은 인간의 식량이 되고 만다. 스스로 먹이를 찾지 않고, 야생의 본능을 포기한 대가를 치르는 것이다.

이 오리들이 뭔가 믿는 구석이 있어 보인다. 아마도 지금은 수렵의 시대가 아님을 잘 아는 모양이다. 그렇지 않으면 야생동물을 보호하는 단체가 늘어나고, 제도도 엄해지고 있다는 사실을 알아차린 듯하다. 자기들을 해치지 않으리라는 사람들에 대한 믿음이 너무 깊어 보인다. 평화롭기만 한 지금의 분위기를 보면서 불안을 느끼는 이유를 모르겠다. 이놈들도 깃털에 기름기가 좌르르 흐른다. 통통하게 살이 올라 뒤뚱거리고 있다. 그 '돼지새'처럼. 그래서 불안한 것이다.

야생은 야생다운 맛이 있어야 한다. 물가에서 놀다가도 인기척이 나면 꽥꽥거리며 하늘로 날아오르는 그런 오리여야 한다.

이놈들의 경계심은 생존의 필수 요건이다. 야생에서 이것마저 버려지면 이미 사육당하고 있는 가금류와 다름없지 싶다. 야성이 살아 있을 때에는 최악의 경우에도 극히 일부만 희생된다. 반대로 적인지 동지인지 구별도 못하는 지경에 이르면 모두가 희생될 수 있음을 이놈들은 정녕 모르는 것 같다.

지나는 사람이 오리들을 향하여 돌이라도 던지면 지금의 평화는 금시 깨지고 만다. 적들의 출현이라고 판단한 오리의 야성은 최고조로 발휘될 것임이 분명하다. 안전한 장소를 택하여 먹이를 찾고, 주변의 미세한 움직임에도 재빠르게 대처할 것이다. 어쩌면 인적이 드문 밤에만 고현천에 살짝 날아올지 모른다. 반대로 이 평화가 오랜 세월 지속된다면 '돼지새'로 퇴화할 가능성도 없지 않다. 만약 이 오리들이 그렇게 되었을 때, 네덜란드의 선원들이 그랬던 것처럼, 너도 나도 자루에 주워 담아 집으로 가져갈 것이다.

이처럼 경계심마저 사라진 뒤에 닥칠 위험은 치명적일 수 있다. 사람의 안주가 되거나 바비큐로 식탁에 오르게 된다. 그리고 영원히 지구상에서 사라진 조류로 기록되고 말 것이다. 오랜 세월 동안 누렸던 평화의 종말이라고나 할까.

내 자신도, 우리들도 '돼지새'가 될 수 있다. 평화라는 달콤한 꿀이 우리를 살찌우고 물질적 풍요가 자만심을 부추길 때, 우리는 누구나 '돼지새'가 될 수 있다. 경계심이 사라진 오리들을 보면서 다시 한 번 국가의 안보를 생각해 보는 이유다.

겨울 낙엽

캐럴 소리가 등 뒤에서 멀어져 간다. 오버 깃을 잔뜩 세우고 집으로 돌아오는 길은 을씨년스럽기만 하다. 그 길 위로 겨울바람은 물기 없는 낙엽을 몰고 온다. 어디서 왔는지도 모르는 낙엽이다. 그냥 이리저리 굴러다닌다. 사람들의 발에 짓밟히기도 하고 질주하는 차바퀴에 깔리기도 한다.

낙엽은 카멜레온처럼 느껴진다. 화려한 단풍 뒤의 가을 낙엽은 탄성과 아쉬움을, 수북이 쌓인 낙엽을 밟고 지날 땐 만추의 낭만을 물씬 풍겨서 좋다. 적어도 늦가을까지의 낙엽은 그런 느낌이었다. 하지만 바싹 말라버린 겨울 낙엽을 보면 그 화려했던 색상은 흔적조차 없다. 사람들의 눈에 밟히는 낙엽이 아니라 발밑에서 밟히는 한갓 쓰레기일 뿐이다. 몸뚱어리는 잔뜩 움츠러들고 생기 없는 모습으로 이리저리 굴러다니는 것이다.

그래서인지 몰라도 나에게 있어 겨울 낙엽은 항상 연민의 대상이었다. 그것은 단풍이 낙엽으로 변할 때와는 사뭇 느낌이 다르다. 데굴데굴 바람에 굴러다니는 겨울 낙엽은 쓸쓸함과 공허함을 남길 뿐이었다.

그런데 이상한 일이다. 오늘 집으로 오는 길에서 본 낙엽은 그런 느낌이 없다. 문득 가지를 떠나 거리를 떠도는 처량한 낙엽에서 피안의 세계를 보았기 때문이다. 거창하게 철학적인 발견도 아니다. 낙엽이 마지막 가는 곳을 알고부터이다.

낙엽은 봄비가 오면 방황을 끝내고 말없이 썩어 어디선가 그 무엇의 거름이 된다. 거기에는 망설임이 없다. 아낌없이 몸을 던져 초록의 꿈을 갈망할 뿐이다. 그 길이 낙엽이 소망하는 길인지도 모른다. 낙엽을 연민憐憫의 대상으로만 바라본 내 정서의 빈약함에 부끄러움이 일어나는 이유다. 이제 겨울 낙엽을 보아도 의지할 곳 없는 어느 소년소녀의 가련한 모습이 연상되지 않는다. 언젠가 썩어 미생물의 먹이가 되고 이름 모를 식물의 자양분이 될 낙엽이기 때문이다.

연탄은, 일단 제 몸에 불이 옮겨 붙었다 하면
하염없이 뜨거워지는 것
매일 따스한 밥과 국물 퍼먹으면서도 몰랐네
온몸으로 사랑하고 나면
한 덩이 재로 쓸쓸하게 남는 게 두려워
여태껏 나는 그 누구에게 연탄 한 장도

되지 못하였네.

- 안도현의 시 〈연탄 한 장〉에서 -

연탄은 제 몸 태워 누군가를 따뜻하게 겨울을 날 수 있게 하는 존재이다. 그러나 제 몸에 불을 붙이지 않으면 한갓 연탄일 뿐이다. 한 덩이 재로 남을 때까지 연탄은 자신을 태운다. 빈터 한구석에 수북이 쌓인 연탄재와 누군가가 쓸어다 모아 놓은 낙엽은 닮았다. 모양새가 닮은 게 아니다. 연탄재는 이미 자신을 태워 주위를 따뜻하게 했다. 낙엽은 자신을 썩혀 대지에 뿌리를 내리고 사는 다른 식물의 자양분이 되고자 봄비를 기다리고 있는 것이다. 타지 않는 싸늘한 연탄과 썩지 않는 낙엽이라면 무슨 의미가 있으랴.

겨울 낙엽은 폐부를 찌르는 그 무엇이 있다. 비록 짧은 순간일지라도 단풍처럼 만인의 가슴에 즐거움을 준 적이 없는 사람. 진정으로 남을 사랑한 적이 없었던 사람. 생의 뚜렷한 목적의식을 갖지 못한 채 하염없이 표류하는 사람. 낙엽처럼 제 몸 썩힐 줄도 모르는 사람임을 꾸짖고 있는 것이다.

나는 어쩌면 낙엽보다 못한 삶을 살고 있는지 모른다. 내 모든 삶이 자신에게 귀결되도록 설계되어 있지 않는가. 그것을 성공으로 알았고 성취감에 도취되어 살았을 뿐이다. 비록 한 무더기 거름이 되더라도, 겨울 낙엽처럼 의미 있는 삶을 살았으면 좋겠다.

선글라스를 쓰고서

난생처음 선글라스를 샀다. 초등학교 동창회 일일여행에 쓸 선글라스다. 여행일자가 유월 초순경이어서 멋을 내기보다 눈을 보호하기 위해서였다. 눈을 함부로 자외선에 노출하게 되면 백내장 같은 안질이 발생되기 쉽다. 그렇지만 자꾸만 망설여진다. 가격에서 먼저 주눅이 든다. 내 마음에 드는 것을 집었더니 백만 원대가 넘는 액수다. 구입할 엄두가 나지 않는다. 하는 수 없이 가격이 낮은 것 중에서 마음에 드는 것을 골랐다. 삼십만 원 대라고 한다. 그래도 선뜻 집어들 수가 없다.

점원하고 한참을 밀고 당기다가 못 이기는 체 한 개를 샀다. 사실 이것을 사게 된 것도 아내의 부추김 덕분이었다. 삼십 평생을 직장생활하면서 이것 하나 샀다고 당장 죽느냐는 것이다. 선글라스를 팔아야 하는 점원보다 아내가 더 판촉을 잘한 셈이다.

정한 장소에 동창생이 하나 둘 모여들었다. 검정색 챙 모자와 선글라스를 쓰고 친구들을 맞이했다. 친구들이 나를 바로 알아보지 못한다. 할 수 없이 선글라스를 잠시 벗어보였다. 그제야 나를 알아본 여자 동기생들이 '멋있다. 십 년은 젊게 보인다.'며 비행기를 태운다. 선글라스 무게 때문에 콧잔등이 무겁게 느껴진다. 귀도 약간 아파 오는 것 같다. 시원한 느낌이 있어 좋기는 한데 너무 어색하다. 선글라스를 썼다 싶으면, 바로 손에 쥐어져 있었다. 한동안 이런 행동이 되풀이되었다. 그러면서 착용에 점점 익숙해졌다. 여자 친구들의 얼굴을 그렇게 찬찬히 쳐다보기는 처음이다. 어색하지 않도록 선글라스가 도와 준 덕분이었다.

선글라스를 쓴 자신은 야외활동하기엔 안성맞춤이다. 그러나 다른 사람의 입장에서 보면 거부감이 있는 것도 사실이다. 요즈음 젊은이들의 전유물처럼 이용되는 이어폰에서도 장벽을 느낀 적이 있었다. 우리 인간은 눈으로 보고, 귀로 듣고, 입으로 의사를 소통하고, 머리로 생각을 하게 된다. 선글라스를 쓰면 일방적으로 다른 사람의 얼굴을 볼 수 있다. 이어폰도 자기만의 세상에 몰입하도록 만들어 주는 문명의 이기다. 그러면서 인체의 일부 기능을 가린다는 점에서는 닮은꼴이다. 소심한 내 성격 탓일까, 이어폰보다 선글라스 착용에서 더 신경 쓸 일이 많음을 느꼈다.

문득 선글라스의 착용은 인간관계에 있어 불공평하다는 생각이 들었다. 신문이나 잡지를 보면 더욱 실감할 수 있다. 초상권을 보호해야 할 보도는 빠짐없이 검정테이프를 붙이고 있다. 눈만을 가렸을 뿐인데 누군지 알아 볼 수가 없다. 이런 점을 노린 흉악범들도 있다. 현금 인출기 앞에서 모자를 눌러쓰거나 마스크를 하고 나타난다. 이렇게 보면, 자기 얼굴의 일부를 가리는 행위를 예사로 해서는 안 되겠다는 결론에 이른다.

서로 악수를 청할 때에도 지켜야 할 기본자세가 있다. 손아귀에 알맞게 힘을 주고, 미소로서 상대편의 눈과 마주쳐야 한다. 눈빛으로 상대에게 친근함을 보내야만 진정한 인사를 한 것이다. 가끔 악수를 하면서 상대를 외면하는 것처럼 시선을 돌리는 사람을 본다. 그럴 때는 반가운 감정마저 사라지고 만다. 결국 선글라스는 남에게 보여야 할 내 눈길을 막는 도구인 셈이다. 마음의 거울이라는 눈을 가렸으니, 철면피 같은 사람으로 변할까 두려운 생각도 든다. 아는 것이 병이라더니, 깊이 생각하는 것도 고민거리가 될 줄이야. 눈도 보호하고 남의 입장도 생각해야 한다. 이 문제를 해결해야만 한다는 강박관념 같은 게 일어난다.

고민 끝에 나름으로 선글라스 착용 행동원칙을 개발했다. '흐린 날은 가능한 선글라스를 착용하지 않는다. 선글라스를 착용하고 나들이 중에 아는 사람을 만나면 미리 벗어 손에 쥐고 인사 한다.' 이것은 나 혼자만의 약속이고 다짐이었다. 오늘도 선글라스를 쓰고 산책을 한다. 친지 몇 사람이 집으로 돌아오는 모습이 보인다. 슬그머니 확인해 보고 싶은 장난기가 발동한다. 등산복 차림에 검은 챙 모자와 선글라스를 쓴 채 스쳐 지나본다. 모두가 나를 알아보지 못한다. 늘 정장차림의 내 모습만 보아온 까닭일까. 그보다도, 모자와 선글라스가 얼굴의 절반을 가린 때문일까. 갑자기 내가 소외된 느낌이다. 선글라스를 벗고, 저만치 멀어져간 동료의 뒷모습을 하염없이 바라본다. 아마 무심코 당한 일이었다면 적지 않은 충격을 받았을지 모른다. 선글라스를 쓰면서 작은 깨달음을 얻은 것이다.

달집 태우기

정월 대보름이다. 고향마을이 떠들썩하다. 달집을 태우기 전에 농악대가 신명을 불러일으키기 때문이다. 음식에도 궁합이 있듯이 정월대보름과 농악은 찰떡궁합이라는 생각이 든다. 거기에다 보름달이 떠오를 즈음 거대한 달집에 불을 댕기면 축제의 피날레를 장식하게 된다.

고향에서의 달집 태우기는 그 의미가 사뭇 다르게 느껴진다. 고향 냄새도 좋지만 추억이 많아서 좋다. 달집 주위를 돌면서 꽹과리 치던 아버지와 두 손 모아 발원하던 어머니의 모습을 그려보며 추억하는 날이기도 하다. 친구들과 이웃집을 돌며 오곡밥을 얻어 손으로 집어먹던 옛 생각을 할 때면 그리움이 밀물처럼 안겨온다. 한 장의 흑백사진 같은 아련한 추억들이다.

오랜만에 고향에서 정월 대보름달을 바라본다. 앞산 너머에서 살며시 얼굴을 내밀더니 어느덧 산 정상에 둥그렇게 걸렸다. 휘영청 밝은 달이다. 장엄하게 자리를 지켜온 앞산도, 떠오르는 보름달도 옛 모습 그대로다.

드디어 대단원의 막이 오른다. 보름달이 떠오른 때를 맞추어 달집에 불을 댕긴 것이다. 활활 타오르는 달집을 빙빙 돌며 농악대는 풍물을 울려댄다. 얼굴 가득 맺힌 땀방울을 소매로 훔치면서 꽹과리를 치던 아버지와 두 손 모아 빌고 빌던 어머니의 환영이 나를 눈물짓게 한다. 어느새 달집 꼭대기의 대나무에까지 불이 붙었다. 아낙들의 소망을 비는 목소리도 더욱 빠르게 느껴진다. 풍물패의 손에도 힘이 더해졌는지 징소리, 북소리, 꽹과리 소리가 더욱 높아진다. 마침내 달집을 받치고 있던 중심대가 힘없이 넘어지면서 불티가 폭죽처럼 흩어진다. 뜨거웠던 열기는 점점 사위어가고, 모여든 사람들도 하나 둘 흩어지면서 행사장에는 정적이 찾아든다.

달집 태우기의 의미는 무엇일까. 아마도 아픈 기억들을 잊어버리기 위함일 것이다. 그리하여 새로운 각오를 가지는 시간이 아닐는지. 살다보면 좋은 날보다 그렇지 못한 날이 많음을 경험했다. 기분 좋은 일은 언제나 생활의 활력소로 삼을 만하지만 궂은 일 분한 일들은 오래 기억할수록 마음에 병이 되는 법이다. 하여 팍팍했던 지난 삶도 잊고 싶을 것이고, 불행도, 분노도, 구원舊怨도 모두 잊고 싶을 것이다. 그래서 이날을 택하여 깨끗이 태워 없앰으로써 새로운 기운을 받자는 조상들의 슬기가 엿보인다.

그렇지만 아무리 태우려 해도 타지 않는 것이 있음을 알았다. 그것은 내 마음속에 있기 때문에 태울 수가 없음을 어쩌랴. 활활 타오르는 불꽃은 순식간에 달집을 삼켜버리지만 내 심연 깊은 곳에는 추억과 그리움이 불꽃처럼 피어오른다. 고향집을 떠나 살아온 세월이 얼마이던가. 강산이 세 번 바뀐 긴 세월이다. 세월은 부모와 나를 영원히 갈라놓았다. 그런가하면 일 년에 한 번 친구들의 얼굴보기도 힘들게 만들었다. 그러기에 언제나 마음속에 담아두고 반추해 온 고향이 아니던가.

앞산 위에 떠 있는 보름달은 예나 지금이나 변함이 없다. 초가지붕 위의 박처럼 환한 모습이다. 저 보름달 속에는 유년 시절의 추억이 고스란히 저장되어 있어 타임캡슐처럼 느껴진다. 아무리 잊으려고 달집을 태워도 타지 않는 타임캡슐이어라.

금목서

유난히 돋보이는 꽃나무가 있다. 금목서도 그런 꽃나무다. 사계절 왕성한 푸른 잎으로 언제나 힘이 넘쳐나는 꽃나무다. 가을이 무르익는 시월이면 일시에 꽃을 피워낸다. 향기가 건물 안팎으로 진하게 풍겨온다. 황금색 꽃을 피워서 금목서다. 멀리서 보면 피어오르는 꽃구름 같다. 하지만 가까이서 살펴보면 자디잔 꽃들이 무수히 피어 무리를 이루고 있다. 그 작은 꽃잎에서 이 세상을 다 덮고도 남을 향기를 뿜어내다니. 전생에 아름다운 일을 한 이름 모를 사람들을 모두 모아 꽃으로 환생시켰나 보다.

대부분의 식물은 꽃을 피우고 열매를 맺는다. 그런데 금목서는 열매를 맺지 않는다. 금가루 같은 무수한 꽃잎은 작은 벌들을 불러 아낌없이 꿀을 먹게 한다. 향기는 정원을 흘러나와 멀리멀리 퍼져나간다. 꿀과 꽃과 향기를 아낌없이 세상에 나누어 주고 때가 되면 작은 부스러기가 되어 뿌려진다. 떨어져 누운 꽃잎은 금가루처럼 수북하게 쌓여간다. 슬픔도 기쁨도 말하려 하지 않는다. 교만하거나 바람 따라 방황하지도 않는다. 다음 꽃을 피우기 위한 한 줌의 거름이 되려는 듯 의연하게 사라지는 금목서 꽃잎들.

아름다운 향기를 남기고 저세상 사람이 된 그 청년이 금목서 꽃잎 같다는 생각이 든다. 일전에 한 청년이 초등학생 두 명을 구하고 자신은 익사했다. 계곡에서 물놀이하던 어린이 두 명이 급류에 떠내려가는 것을 발견했다. 거기에는 여러 명의 인솔교사가 있었다. 그러나 발만 동동 구를 뿐 그 누구도 선뜻 행동하지 못했다. 그때, 청년이 망설임 없이 급류 속으로 뛰어들었다. 아이 둘은 구했지만 기력이 소진되어 뭍으로 나오지 못했다. 스물세 살의 꽃다운 목숨을 바치고 두 어린이를 구한 것이다.

순간의 행동이었을 것이다. 청년의 용기였을까. 아니다. 용기와 혈기만으로는 결코 해낼 수 없는 일이다. 그것은 사랑이 몸에 밴 사람이 아니고는 할 수 없는 일이다. 남을 구하기 위해 급류에 몸을 맡긴다는 것 자체를 청년의 용기라 한다면 너무도 희생이 헛되게 느껴지기 때문이다. 금목서 꽃향기에서 그 청년의 향기를 느끼는 이유다.

한 줌의 재로 변한 자식을 가슴에 묻고 부모는 오열했다. 국가로부터 의사자 증서를 전달 받던 날 청년의 부모님은 눈물마저 메말라 있었다. 그 청년은 집안의 장남이었다. 하늘이 무너지는 충격으로 청년의 어머니는 서 있기조차 힘들어했다. 그들의 큰 슬픔을 위로하는 양, 그날도 금목서는 은은한 향기를 전해주었다.

수많은 꽃구름 속에 또 한 잎의 꽃잎이 더해지는 날. 부끄러운 마음으로 그 청년을 추모한다. 지천명에 이를 때까지 나 아닌 남을 위해 산 적이 있었던가. 작은 욕심 하나를 버리지 못하는 삶을 가지고도, 하늘을 우러러 부끄러움을 몰랐다. 가진 것 모두 주고 떠나가는 금목서 향기를 남긴 청년. 당신의 거룩한 희생 앞에 내 삶은 한없이 작게만 느껴진다.

쉴 곳과 살 곳

휴가다. 휴가가 결정되던 날의 홀가분한 기분을 잊을 수 없다. 들뜬 기분을 안고 집으로 올 때까지의 청량한 해방감만으로도 행복하다. 그 느낌은 예나 이제나 다를 게 없다. 그 기분도 잠시, 막상 집으로 돌아와 가족들을 대하면서 사정은 달라지기 시작한다. 딱히 갈 곳이 마땅치 않기 때문이다. 화려한 외출이 되려면 몇 가지가 충족되어야 한다. 먼저는 자금이다. 가족간의 합의도 이루어져야 한다. 시간만 얻으면 휴가는 내 뜻대로 될 것만 같았으나 이런저런 사정을 감안하다 보면 갈 곳이 제한적임을 알게 된다. 멀리 떠나려면 해외로 나가야 하나 언감생심이다. 거기다 아내가 갑자기 건강이 좋지 않아 국내 여행마저 어렵게 되었다.

어쩔 수 없이 택한 곳이 근처 유원지다. 가까워서 좋고, 자금이 들지 않아서 좋다. 다른 지역 사람들이 구름처럼 찾아드는 자긍심 높은 곳이다. 바로 학동 몽돌해변을 택한 것이다. 이곳은 젊은 사람들의 점령지다. 우리같이 나이 든 사람은 이방인이 되고 만다. 누가 구별 짓는 것도 아니건만 내 스스로 밀려날 수밖에 없다. 휴식을 위하여 이곳을 찾았다는 공통점이 있음에도 이들과 어울릴 수 없다니. 더구나 그 자격을 심사한 사람도 내 자신이고 실격 처리한 사람도 내 자신임을 깨닫는다. 비로소 나와 함께한 세월이 저만치 멀리 가고 있음을 안 것이다.

무슨 죄 지은 사람처럼 슬그머니 물러나 주변을 살폈더니 오른쪽 해안에 울창한 송림 사이로 너럭바위가 있다. 그 바위 아래는 수심이 깊어 해수욕객이 올 수 없는 자리다. 여름 햇볕이 무서운 줄도 모르고 불에 익은 가재마냥 얼굴이 발개진 소년 몇이서 낚시를 즐기고 있을 뿐이다. 그 너럭바위에 앉았다. 소년들의 서툰 낚시질 구경에 옛 추억도 떠올려 보고, 해조음을 들으며 잠시나마 속세를 떠나본다. 간간히 불어오는 바닷바람이 상쾌하다. 숲을 헤집고 지나는 바람결에 솔향기가 배어 있다. 솔향기 묻어 있는 나무 그늘이 이렇게 고마울 수가 없다. 마음이 편안해진다. 머리를 짓누르던 직장일일랑 모두 잊고 싶다.

그러나 언제까지 신선처럼 이곳에 머물 수는 없다. 나 한 사람만이 그런 것은 아니다. 저 많은 피서지의 사람들도 어느 시점이 되면 각자 자기 집으로 돌아갈 것이다. 아무리 풍광이 빼어나고 매력적인 휴양지일지라도 이곳은 잠시 쉬는 곳일 뿐, 머물러 살 곳은 아니기 때문이다.

그런데 내 주변에는 쉴 곳과 살 곳을 구분 못하는 사람이 의외로 많다. 백년해로를 약속한 그 맹세를 어디다 내팽개치고 새살림을 차려나간 사람을 이름이다. 얼마나 철모르는 사람이면 너무도 기본적인 것조차 구분 못 할까 싶다. 나는 이런 유형의 사람들을 가정파괴주의자로 생각해 왔다. 그런 유의 사람들의 변명도 가지가지다. 가장 흔하게 듣는 것은 성격이 맞지 않아서란다. 정말 그럴까. 꽤 오랜 교제기간을 거치면서 자신의 이상형이라고 판단했으니 결혼까지 하게 된 것이 분명한데 이 무슨 해괴한 변명이란 말인가.

내 지인 중의 한 사람도 그런 인물이다. 결혼하여 몇 년 동안은 자기 안 사람 없이는 금방이라도 죽을 것처럼 하더니 다른 여자를 데리고 딴 살림을 차렸으니 말이다. 조강지처하고는 성격이 맞지 않아 그런다고 똑같은 변명을 늘어놓던 사람이다. 처자식에게 씻을 수 없는 상처를 안기고 생고생을 시켰으면 되었지 싶었는데 악연은 끝이 아닌가 보다. 일전에 그가 빈털터리 신세에 병들어 볼품없는 몸꼴로 여러 해 만에 살 곳을 찾아온 것이다. 진정 성격이 맞지 않아 한 이불 밑에서 도저히 살 수 없었다면 비록 죽는 한이 있어도 그 사람을 찾지 않는 게 옳은 일인데도 말이다. 남의 일이기는 하지만 말년 불행이 눈에 보이는 듯하여 안쓰럽다.

'즐거운 곳에서는 날 오라 하여도 내 쉴 곳은 작은 집, 내 집뿐이리.' 미국의 존 페인이 지은 <즐거운 나의 집>이라는 명곡 가사의 일부이다. 이 노래 가사처럼 주변에는 날 오라 손짓하는 곳이 지천에 널렸다. 골프, 낚시, 사진촬영, 요트, 야구, 축구 등과 같이 건전하게 취미활동을 할 수 있는 곳도 있다. 그런가 하면 유혹에 이끌려 멸망으로 가는 곳도 있다. 도박장과 요정 등과 같은 곳이 있는가 하면 애정편력과 같이 심적인 요소도 있는 것이다. 그러나 영원히 쉴 곳, 아니 내가 영원히 살 곳은 내 집밖에 없다. 이 평범한 진리를 미처 깨닫지 못한 사람이 적지 않은 모양이다. 날로 한 가정이 부서지는 소리가 여기저기서 들려오니 말이다.

4부 ● ● ● 잔설

안개가 잔뜩 끼었다. 포근하게 느껴진다. 벌써 뜰 앞 목련은 꽃눈이 굵어졌다. 지난겨울이 그리도 추웠기에 봄을 기다리는 마음이 더욱 간절했나 보다.

먼저 간다는 것에 대하여

머릿속이 멍해지는 부음이다. 믿기지 않는다. 얼마 전까지 멀쩡했던 사람이 한순간 세상을 버렸다니 말이다.

초등학교를 같이 다닌 그 친구는 항상 낙천적이고 낭만적인 사람이었다. 대학에서 문학을 전공한 때문인지 모른다. 결혼을 늦게 해서 애들도 많이 어리다. 어제 그 친구의 아내가 급성 심장병으로 졸지에 세상을 떠났다. 그 친구보다 열세 살 연하가 되니 겨우 사십 대 중반의 여인이다. 어린 두 자식이 눈에 밟혀 저세상을 어찌 갔을까 싶어 가슴이 아려온다. 영정 사진만이 해맑은 미소를 보이고 있을 뿐 적막과 슬픔이 짙은 안개처럼 감싸고 있다.

충격과 피로에 젖은 눈가에 이슬이 맺힌 채로 우리를 맞는다.

슬픔을 잊으려고 술을 마셨는지 약간의 취기가 있어 보인다. 누구에게 털어놓을까. 자기 아내에 대한 이야기를. 고향친구이니까 울먹이며 독백처럼 쏟아 놓는다. 나이트클럽에서 처음 만나 인연이 된 이야기며, 고생시킨 이야기며, 그러다 결국 남편인 자신의 잘못으로 단명하게 되었다는 말끝에 참았던 눈물을 쏟으면서 더 이상 말을 잇지 못한다.

부부란 다 그럴 것이라는 생각이다. 남남이 만나 한 가정을 이루고 살면서 귀한 줄도 모르고 고마운 줄도 모르며 살지 않는가. 구태여 귀하고 고마움을 새겨야 될 이유조차 모르며 산다는 말이 옳을 것이다. 마치 체온이 같은 사람끼리 손을 마주잡으면 따스하지도 차갑지도 않은 무덤덤한 상태에 비유된다. 그러다 한쪽이 떨어져 나가면 그제야 현격한 온도의 차이를 느끼는 것처럼. 지금 친구는 비로소 배우자의 온기가 자신으로부터 멀리 떨어져 나가고 있음을 알아차렸을 것이다. 얼마나 마음 한구석이 허전하고 시릴까 싶어 안타깝다.

십여 년도 더 되었지 싶다. 친구의 낭만적 기질이 아낌없이 발휘된 적이 있었다. 느닷없이 경기도 이천에서 도자기 제작 수업을 받는다는 소식을 들었다. 장장 오 년여 세월을 그렇게 보내더니 어느 날 고향집에서 도자기를 제작하기 시작했다. 부부가 정성들여 빚어낸 첫 작품이 은은한 청잣빛 국그릇이었다. 가까이 사는 친구 내외를 초청하여 선물하던 모습이 눈에 선하다. 그때 친구도 그의 아내도 청순한 소년소녀 같다는 느낌을 받았다. 내 아이가 고등학교 입학할 무렵에 그 친구는 첫딸을 낳았다. 친구들이 별난 잔칫집에 가는 기분으로 돌반지를 전하며 축하하던 때가 엊그제만 같다.

평일 날 밤 조문인지라, 다음날 직장 일에 얽매여 자리를 떠야 하는 현실에서 잠시 갈등한다. 갈 길이 멀어 지금 출발한다 해도 귀가시간은 자정이 넘게 된다. 무거운 발걸음을 옮긴다. 같이 달려온 친구들의 걸음도 마찬가지다. 모두가 물먹은 솜처럼 몸도 마음도 무겁게 느껴진다.

친구에게 위로의 말이 없다. 우리 모두 갈 사람들이다. 앞에 가고 뒤에 가는 차이뿐이라고 애써 위로의 말을 전하긴 했으나 어디 그게 무슨 위안이 되겠는가. 어린 두 자식들의 눈망울은 슬픈 사슴의 처연한 눈빛인 것을.

느꼈다. 죽음이란 앞에 가고 뒤에 가는 차이일 뿐이지만 떠나는 것도 어느 정도 때가 있음을 알았다. 남겨진 어린것들의 고통, 그 배우자의 외로운 삶의 무게가 버겁게 느껴지는 시기에 떠나는 것은 자기 학대며 가혹한 사디즘이라며 항변이라도 하고 싶어진다.

삶과 죽음을 인위로 어떻게 할 수 있는 일은 아니다. 하지만 오늘은 하늘이 원망스럽다는 말이 저절로 흘러나온다.

얼굴

동창들 모임에 갔다. 오랜만의 만남에 두 손을 잡고 서로 반가워한다. 이어서 자리에 앉으면 서로 얼굴부터 확인한다. 십여 년 만에 처음 참석한 친구를 만났다. 쉽게 알아보지 못한다. 어떤 친구들은 옆 사람에게 '저 사람이 누구더라' 하면서 슬쩍 물어보기도 한다. 매년 빠지지 않고 모임에 참석하는 친구들은 얼굴 모습이 크게 변함이 없다. 띄엄띄엄 참석하는 친구의 얼굴에서 유난히 세월의 흔적이 느껴진다. 사실 그 사람의 입장에서 보면 다른 친구들의 얼굴이 많이 변했다는 말을 하고 싶을 것이다.

자신도 모르게 조금씩 변해가는 얼굴. 점점 탄력을 잃어가는 자신의 얼굴이 미워진다는 여자 동창들도 있었다. 오십 중반에 놓인 사람들의 진솔한 심경을 대변한 말로 여겨진다. 그렇지만 꼭 잊지 말아야 할 것이 있다. 주름이 늘었건, 검버섯이 앉았건 둘도 없는 유일한 내 얼굴인 것을. 지구상에서 단 하나밖에 없는 자신의 얼굴임을 알고 나면 거울에 비친 내 얼굴을 사랑하게 되지 않을까. 만약 나와 꼭 닮은 사람이 주변에 무수히 존재한다면 어떻게 될까. 아마도 '나'라는 존귀함은 실종되고, 끔찍한 세상이 될 것임에 틀림없다.

도대체 인간이 다른 생물과 어떤 차이를 가졌는지를 깊이 생각한 적이 있다. 인간의 먹을거리가 되는 것들 모두가 살아 있는 생명체다. 공기와 물을 흡수하면서 태양에너지를 받아들이는 것도 인간과 다를 바 없다. 거기에다 식물도 감정이 있으며 친척을 알아본다는 충격적인 기사를 읽은 적이 있다. 사람과 교감을 가지는 애완동물들의 모습을 대할 때면 더욱 유사하다는 느낌을 받는다. 혹자는 이렇게 말할 수 있다. 인간은 동식물과 달라 언어와 생각하는 능력이 있다는 점을 내세운다. 그렇지만 동식물도 그것들 나름대로 의사소통이 가능하기 때문에 무리를 지어 생존하는 것은 아닐까.

인간의 언어를 동식물이 알아채지 못하듯, 동식물의 대화를 우리 인간 또한 모르고 있을 뿐이다. 그럼에도 채소라든지 가축들은 사람들의 먹을거리가 된다. 더구나 사람들은 한 생명을 빼앗아 섭취하면서도 아무런 죄의식을 느끼지 않는다. 왜 그럴까. 거기에는 하나의 공통점이 있다. 똑같이 닮은 개체가 무수히 많다는 것이다. 그러나 인간은 서로 닮은 사람이 없다. 수십억 지구촌 사람들의 얼굴이 각자 생김새가 다르다는 데는 이론이 없는 듯하다. 그렇다면 희소성의 원칙이라는 경제원리를 두고 보더라도 가장 값진 보물이 내 얼굴이 아니겠는가.

이처럼 소중하게 여겨야 할 보물인 자신의 얼굴을 버리려고 하는 사람이 많아 안타까움을 느낄 때가 많다. 인터넷 검색어 5위 안에 '선풍기 아주머니'가 들었다. 그녀는 성형을 수차례 반복하는 과정에서 부작용으로 자기의 얼굴을 영원히 상실하고 말았다. 그런가 하면 멀쩡한 얼굴을 성형하는 일이 유행병처럼 번지고 있다. 그것은 이미 내 얼굴이 아니다. 심지어는 연예인 누구의 얼굴처럼 만들어 달라는 젊은 사람이 늘어만 가는 현실이 걱정스럽기까지 하다. 더구나 인면수심人面獸心의 범죄사건이 하루가 멀다 하고 보도된다. 모두가 자신의 얼굴에 대한 철학의 부재에서 일어나는 현상은 아닐는지.

얼굴이라는 우리말 어원은 '얼이 들어있는 굴'이다. 그래서 얼이 나간 사람을 '얼간이'라 부른다. 우리 인체를 구성하고 있는 장기 하나하나가 중요하지 않은 부위가 없다. 그중에서도 얼굴은 외부의 정보를 보고, 듣고, 받아들이면서 사고하게 되며 종합적으로 판단하여 행동하게 하는 중요기관이 다 모인 곳이기도 하다.

오랫동안 떨어져 있는 친구한테서 전화가 왔다. 첫 말이 '얼굴 좀 보자.'다. 거짓말을 하면 얼굴이 붉어지면서 땀방울이 솟기도 한다. 기쁘면 밝게 웃어 남들도 좋아한다. 화가 나거나 슬픈 일이 있을 때에는 그것을 감출 수가 없다. 바로 마음속의 희로애락을 표현하는 곳도 얼굴밖에 없다. 얼굴은 정말 신의 영역처럼 느껴진다.

가까운 복지시설 원장이 하던 말씀이 떠오른다. 장애를 가진 애들이 직접 빚은 컵을 보여주면서 하는 말이다. '이 도자기 컵은 세상에 하나밖에 없는 것이에요.' 비록 이름 없는 도공이 만들었지만 그만큼 희소가치는 있다는 말씀이다. 그러고 보니 똑같이 생긴 컵이 없다. 매끈한 것도 있고, 울퉁불퉁한 것도 있다. 모두가 개성이 뚜렷한 사람들의 얼굴 같다.

경외하는 마음으로 거울에 비친 내 얼굴을 본다. 나의 존엄성, 역시 얼굴에서 비롯되었음을 느끼는 순간이다. 후안무치厚顔無恥한 사람이 되어서는 아니 될 이유도 여기에 있음을 알았다.

후순위

출생부터 넷째다. 이를 두고 숙명이라 하는가 보다. 아무리 노력해도 그 순위를 바꿀 수 없기 때문이다. 아버지, 그리고 위로 형이 셋인 가족 구성은 성장기의 나에게 적잖은 영향을 미쳤다. 내가 어릴 적 농촌은 자급자족의 시대였다. 아버지나 큰형은 웬만한 농기구를 손수 만들어 사용했다. 같은 또래지만 형제가 적은 집안일수록 못하는 게 없어 보였다. 여러 가지 장난감도 잘 만들었다. 팽이를 깎고, 새총을 만드는 일에 이르기까지 제법 손놀림이 능숙했다. 농사일을 거들 때 보면 어른스럽게 느껴지기도 하였다. 나는 그런 친구들이 부럽기까지 했다.

형들이 나에게 일을 맡기지 않은 이유는 한 가지다. 일상에 있어 모든 일이 서툴기만 하니, 나에게 일을 맡기기보다 형들이

해치우는 게 뒷손이 가지 않아 오히려 편했기 때문이다. 이런 연유로 어릴 적부터 내가 맡은 일은 별로 없었다. 고작해야 소와 염소를 돌보는 일 정도였다. 농업이 주업이던 시절에 농사일을 모르는 사람이 되고 만 것이다. 그런 나를 아버지는 '어중개비'라 몰아세웠다. 중학교 삼 학년이 끝날 때까지 아버지로부터 수없이 들은 꾸지람이 있다. 촌놈이 농사일 못하면 굶어 죽는다는 말이었다.

후순위로 태어난 까닭에 물려받은 업보가 많다. 그중에서도 손재주가 많이 모자란다는 것이다. 못 박는 일에서부터 톱질 하나에 이르기까지 촌에서 나서 자란 사람 같지 않은 행동을 하니 말이다. 흔한 농사일도, 어렵고 힘든 과정은 아버지나 형들의 몫이었다. 나는 그저 구경만 하면 되었다. 소를 몰아가며 하는 논밭갈이라든지 써레질은 물론이고, 바소쿠리 등짐지기 등 기본적인 농사일을 눈으로만 경험하게 되었다. 심지어 팽이와 채까지도 저절로 얻어진다. 가만히 있으면 형들이 잘 만들어 주니까. 이런 환경에서는 저절로 의타심마저 생기는 것이다. 이것이 내가 넷째로 태어난 업보가 아니고 무엇이겠는가.

숙명을 극복하기 위한 노력은 무모한 일이다. 하지만 운명은 다르다. 마음먹기에 따라 바꿀 수 있는 것이 많다. 절간에서 빗을 판 사람의 이야기처럼 노력하면 얻어지는 과실이 있기 마련이다. 글쓰기도 그중의 하나다. 내가 어느 날 큰 맘 먹고 글쓰기를 시작했다. 동아리에 가입도 하고 매주 한 번씩 수업 지도를 받기 시작했다. 새로운 일에 대한 의욕만 가지고 무작정 달려든 것이다. 처음엔 그런대로 성과가 있었다. 작품의 알맹이야 그렇게 실한 것은 없지만 열심히 한다는 말은 듣게 되었다. 그런데 시간이 지날수록 제자리걸음인지라 초조함에 휩싸였다. 왜 그럴까를 곰곰이 생각하게 되었다. 그것은 시간 투자와 상관관계에 있음을 알았다.

모든 사람들에게는 똑같은 시간이 주어진다. 그 시간을 토막토막 잘라서 마음먹은 일에 쓴다. 어떤 일에는 많은 시간을, 또 다른 일에는 적은 시간을 투자하게 된다. 그런가 하면 전혀 시간 계획이 없는 일도 있다. 뒤늦게 시간 투자가 적은 일이 후순위임을 깨달았다.

글쓰기도 마찬가지다. 내가 어린 시절 형들만 믿고 직접 무엇을 만드는 일에 시간 투자를 하지 않았기 때문에 손재주가 없는 것처럼. 직장일이 먼저고 이런 저런 사적인 일이 다음이다. 그런 연후에 남는 시간으로 공부하기로 마음먹지 않았던가. 결국 시간투자 계획에 있어 글쓰기 작업은 후순위였던 것이다. 글을 쓰지 않으면 생계에 타격이 오거나 승진에서 불이익을 받게 된다는 가정을 해 보았다. 아마도 죽기 살기로 이 일에 매달리지 않았을까 싶다. 물론 우선순위는 글쓰기 작업이 될 것임에 틀림없다.

나의 하루 수면 시간은 평균 일곱 시간 정도가 된다. 여기서 한 시간을 떼어내어 글쓰기에 보태기로 했다. 그동안 후순위로 밀쳐놓았던 글쓰기를 직장일 다음에 두기로 했다. 시간 계획이 조정되면서 일의 순위도 바뀌었다. 이제부터 글 쓰는 일은 두 번째가 된다. 벌써부터 각오가 새롭다. 문단에 등단도 하고 수필집도 내어야겠다. 이것이 내가 삼 년여 공부하면서 얻은 값진 소득이다.

* '어중개비'는 어중이의 거제도 방언.

2960

2960은 내 차 넘버다. 정확하게는 1995년 식 세피아 경남 2보 2960이다. 지난 십삼여 년 동안을 같이 지냈으니 내 식구와 다름없다. 한 집에서 같이 잘 수 없고, 밥 대신 휘발유를 먹는다는 게 다를 뿐이다. 출퇴근도 같이 한다. 아내하고 같이 앉으면 못하는 소리가 없다. 이 녀석은 입이 무거워 보안이 참 잘 된다. 운전을 하다 보면 말씨가 거칠어지기 마련인데 항상 못 들은 체 넘겨버려서 좋다.

선산 벌초 길에 비포장도로 위에서 차체의 일부를 다친 일이 있었다. 갑자기 차 안이 요란스럽다. 뭐가 잘못되었나 싶어 살펴보니 머플러가 터져 있었다. 비포장도로 위에 나와 있던 돌부리에 충격을 받았던 것이다. 이 녀석이 어쩌면 사람들과 똑같다. 제 몸의 일부가 찢어졌을 때, 아프단 말 대신에 소음을 낸 것이다를 뿐이다.

어느 겨울 밤, 자정이 한참 넘어서다. 자고 있던 작은아이가 갑자기 다 죽어가는 소리로 안방 문을 두드렸다. 화들짝 잠에서 깨어났다. 아내가 아이를 안은 채 이마에 손을 짚었다. 신열이 불덩이 같다. 허둥지둥 아이를 안고 주차장으로 달려갔다. 천지가 찬 기운에 얼어붙은 듯 겨울밤은 고요하기만 했다. 그 속에서도 녀석은 태평스럽게 자고 있었다. 시트에 아이를 누이고 시동을 걸었다. 겨울밤의 적막을 깨트리고 힘차게 두 눈을 번쩍 떴다. 얼마나 고마운지 모른다. 깊은 잠에 빠진 녀석을 깨웠건만 원망하거나 불평하지 않는다. 급한 주인의 마음을 어떻게 잘 알았는지 황급히 병원 응급실로 향하는 고마운 녀석이다.

큰아이가 입대한 지 달포가 지났을 때다. 훈련 중에 입은 부상으로 광주 국군 병원에 입원한 적이 있다. 우리 부부는 또 한 번 2960의 신세를 지게 되었다. 이등병인 아들은 병원생활에 잘 적응하지 못했다. 주말에 부모의 면회만 기다리는 나약한 군인이 되어 있었다. 어쩌랴, 아들이 건강을 완전 회복할 때까지 주말이면 어김없이 광주를 향했다. 사천 톨게이트에서 남해 고속도로에 올랐다. 그러기를 모두 열일곱 번, 사람 같으면 지치고, 퍼질러 앉고 난리가 났을 텐데 묵묵히 자기 임무를 다하니 진정 믿음직스럽다. 우리 아파트에 도착해서는 차체를 어루만지며 토닥여준다. '2960, 정말 고맙다. 거제에서 광주가 얼마나 먼 곳이더냐. 너 아니면 어떻게 하루 만에 아들 면회 마치고 돌아올 수 있단 말인가.' 이 녀석도 웃고 있는 듯했다. 보닛에서 뜨거운 열기가 느껴진다. 먼 길을 달리면서 얼마나 힘들어했는가를 알 수 있다.

그런데 이 녀석도 나이 앞에는 어쩔 수 없는 모양이다. 십여 년 세월을 잘 견디어 오더니 그 뒤로는 병원에 가는 횟수가 늘어만 간다. 이 부분을 고쳐 놓으면 저 부분이 나빠지곤 한다. 가까운 데 다녀오고 하는 것은 문제가 될 게 없다. 하지만 고속도로에 올리면 위험할 수 있다는 진단이 내려졌다. 에어백이 장착 안 된 차여서 더욱 신경이 쓰이던 참이다. 아이들이 아무도 모르게 이 차를 타고 고속도로를 질주할 수도 있는 것이다. 위험은 사전에 예방하는 것이 상책이다. 아내와 의논 끝에 새 차를 사기로 했다. 폐차장에 문의를 해 보았더니 견인차를 가지고 방문 처리를 해 준다는 것이다.

이때까지만 해도 차가 낡아 위험하니 처리를 해야 한다는 사무적인 생각만 했다. 솔직히 자동차는 무생물이 아닌가. 그런데 그게 아니었다. 폐차장에서 견인차가 왔다. 능숙한 솜씨로 끌고 갈 준비를 한다. 2960이 나를 바라본다.

"저 일 잘 할 수 있어요. 좀 더 같이 있으면 안 돼요?"

울먹이는 것 같다. 견인차 기사가 차를 이리저리 살펴보더니 고철 값으로 이십만 원을 약속하고 끌고 가기 시작한다. 녀석이 견인차에 끌려가면서 한 없이 우는 것 같다. 나도 아내도 눈물이 앞을 가려 쳐다 볼 수가 없었다. 부디 잘 가거라. 그동안 많이 고마웠다. 지금도 2960이 견인차에 끌려가면서 울먹이는 듯한 이별 장면이 떠오른다. 무생물에 대한 인간의 감정이 단순한 것이 아님을 알았다.

문득 2960은 정년을 몇 년 앞둔 나일 수도 있다는 생각이 들었다. 병원 문을 자주 찾게 되는 것도, 내 한 몸 돌보지 않고 달려온 세월도 같다. 정년을 맞이하게 될 나에게 의미 있는 메시지를 남기고 있었다. 내가 직장 문을 나설 때, 내가 2960과의 헤어짐을 아쉬워하고 고마워하듯이, 많은 사람들이 나를 그렇게 보내어 줄까. 나를 오래오래 기억해 줄까. 잊으려고 해도 잊을 수 없는 여러 가지 사연과 추억이 있어 언제나 나를 떠올려 줄까.

매미

연일 비가 오더니, 오늘은 아침부터 햇볕이 좋다. 기다렸다는 듯이 매미가 울어대기 시작한다. 나무가 서 있는 곳이면 어디든지 매미 울음소리를 들을 수 있다. 심지어 전봇대에 붙어서 울어대는 놈도 있다. 도시의 밤거리는 대낮처럼 밝다. 낮과 밤을 구분 못 하는지, 밤에도 울어댄다. 어차피 인가 근처에 태어났으니 더불어 살아가고자 함인가. 인간 세상에 적응하려 애쓰는 듯하다. 도시의 밤하늘엔 별도 달도 사라진 지 오래다. 옛날 같으면 초저녁부터 사람 하나 없었을 동네에 자정이 넘도록 북적인다. 큰 도시로 갈수록 자정까지는 밤낮을 구분할 수가 없다. 인간세상이 이럴진대 미물인들 어찌하겠는가. 안개 속을 걸었다 나오면 옷이 축축하게 젖는 이치인 것을.

매미는 사람들의 마음을 헤아림인가. 듣는 사람의 가슴이 요

구하는 대로 변하여 소리를 들려준다. 뙤약볕에서 김매는 농부의 귀에는 골바람 소리로 다가오고, 더위에 지쳐 계곡으로 피신한 사람에게는 개울물 소리로 들려준다. 정자나무 아래나 원두막에 드러누워 한가로이 책을 보는 사람에게는 솔가지를 흔드는 소슬바람처럼 조용히 다가왔다가는 사라진다. 그러니 누군들 매미 소리를 귀찮아하겠는가. 굴곡 없는 소리로 귀를 괴롭히는 남쪽 나라의 매미와는 달리, 우리의 매미는 곡조도 실어 우니 오히려 정겹다.

무더위가 한창인 때에 외가를 방문한 적이 있었다. 산을 돌아 겨우 외가에 도착해 보니 동네 안에는 사람의 기척이 전혀 없었다. 다들 어디로 갔는지, 골목길에도 인적이 없었다. 적막이 마을 전체를 감싸고 있을 뿐이었다. 그 적막을 덮으려는 듯 앞산과 뒷산의 숲 속에서 매미 소리가 시원스레 들려왔다. 그때 들은 매미 소리는 얼마나 평화로웠던지, 외지에 온 나의 마음까지도 편안하게 해 주었다. 참 기분 좋은 소리였다. 매미가 사람 곁에서 이렇게 좋은 존재인 줄을 몰랐다. 늘 사람 가까이 있으면서 사람들과 동화하는 매력을 가진 미물, 그것이 바로 매미다.

매미의 사는 모습을 들여다보면 참 깨끗한 삶이라는 것을 알 수 있다. 짧게는 칠 년, 길게는 십칠 년을 애벌레로 땅속에서 살다가 성충이 되어 지상으로 올라온다. 마침내 인고의 긴 세월을 딛고 성충이 되는 것이다. 힘겹게 나뭇가지 위로 오르면 고고한 울음을 터뜨린다. 그로부터 이삼 주 동안 노래를 부르며 살다가 알을 낳고 세상을 떠나는 것이 매미의 일생이다.

깨끗하고 짧게 사는 것이 매미의 덕목인지 모르겠다. 오래 살다보면 봐서는 안 될 풍진 세상도 만날지 모르고, 혼탁한 물가에 빠질지 누가 알랴. 긴 세월 어둡고 캄캄한 흙 속에서 제 몸 낮추고 산 세월이 헛되지 않도록 그늘로 숨어든다. 밝은 볕으로 나오지 않고 나무 그늘에서 노래나 부르다가 간다. 밝은 빛에 현혹되지 않도록 그늘에서 노래나 부르다가 가는 존재. 그것이 매미이다.

그래서 우리 조상들은 깨끗한 선비를 매미에 비유했다. 매미는 청렴의 상징인 것이다. 무엇보다 매미는 다른 곤충들처럼 농작물을 건드리지 않는다. 옛 사람들은 매미가 이슬만을 먹고 살다가 죽는 미물로 알았다. 사실은 나무의 수액을 먹고 산다. 그러니 다른 곤충에 비하면 정말 깨끗한 삶을 사는 것이다. 매미는 결코 먹이를 저장하거나 남의 것을 빼앗아 오거나 하는 일이 없다. 남에게서 먹이를 얻어 오거나 받는 일도 하지 않는다. 생존을 위한 최소의 영양분만 스스로 섭취하며 산다. 사람들 가까이 서식하면서도 결코 사람들에게 유익한 농작물을 건드리지 않는 매미. 이처럼 매미는 다른 것에 해를 주지 않고, 스스로 최소의 수액만을 취하여 먹고 살기에, 우리의 조상들은 청렴의 상징으로 매미를 꼽았던 것이다. 익선관翼蟬冠에는 이러한 매미의 생태를 눈여겨 본 우리 조상들의 혜안이 엿보인다. 관모에 매미 날개를 상징하는 것을 달아 선비정신을 기리려 했던 것이다. 매미처럼 밝은 낮에는 깨어 있고, 어두움 속에 숨어서 엉뚱한 짓을 하지 말라는 뜻으로 매미의 날개를 관모에 달았던 것이다. 다만 그것이 임금은 위로 향하고, 관리들은 양 옆으로 달린 것이 다를 뿐이다. 무릇 관리는 매미처럼 청렴해야 한다는 뜻이 담겨 있다.

지상 보도에서 잊힐 만하면 공직자의 독직사건이 불거져 나온다. 공직을 더럽히는 사건도 가지가지다. 횡령, 복마전, 직무유기, 특혜, 군림 등 온갖 비리 용어들이 난무한다. 그럴 때마다 국민들은 더욱 분개한다. 국민의 혈세를 횡령했다는 분함도 있지만, 그 속에는 걱정도 내포되어 있다. 나라살림을 그들에게 다 맡겨 놓았으니 그럴 만도 한 것이다. 이 같은 공직비리 사건이 일어날 때마다 모든 관청은 떠들썩하다. 청렴 결의문 채택, 환골탈태, 공직기강 확립 같은 식상한 말들이 고개를 든다. 그러나 이런 말들은 진정 실천을 바라는 국민들의 기대를 저버리고 말잔치로 끝이 나기가 일쑤다.

국민들은 공직비리에 대하여는 결코 관대하지 못하다. 그만큼 공직에 대한 높은 청렴도를 갈망하고 있는 것이다. 나부터 매미의 덕목을 가슴 깊이 새겨야겠다. 말로만 국민을 위한다는 거북스럽고 민망스러운 수사를 영원히 버릴 것이다.

아침저녁으로 시원한 가을바람이 불어온다. 그 바람은 더위에 지친 사람들에게 생기를 불러일으킨다. 하지만 매미는 알을 낳고 죽음을 준비하는 때가 되었다. 땡볕을 숙명으로 받아들이면서 깨끗하게 살다가 무더위가 물러날 즈음 유랑을 떠나는 매미. 정말 별난 삶을 살다 간다. 이 밤 청렴한 매미의 삶이 나를 잠 못 들게 한다. 매미를 닮고 싶은 마음이다.

잔설

함박눈이다. 거제에선 보기 드문 눈이다. 잠시 일을 멈추고 창밖을 바라본다. 하염없이 쏟아지는 눈발을 바라보면서 나도 모르게 심장의 고동을 느낀다. 내 젊은 시절의 환희에 찬 열정과 함박눈이 오버랩 되었기 때문이다. 향나무며 금목서며 사철 새파란 녹색의 나무들도 별수 없이 흰옷을 입는다. 어디서 날아온 까치 한 마리가 앉아 쉴 곳을 찾아보지만 나뭇가지에 쌓인 눈 때문에 쉽지 않은가 보다. 이리저리 헛날갯짓만 하고 만다. 온종일 내린 눈이 산과 들을 하얗게 덮었다. 정말 오랜만에 보는 설경이다. 입춘을 보내고 설을 쇤 지 꽤 오래되어 이 시기에 눈을 보리라는 것은 상상도 하지 못했다. 온 세상이 시름도, 아픔도 모두 잊고 눈 속에 묻혀 적막이 흐른다. 마치 따스한 솜이불을 덮고서 영원히 깨지 않을 깊은 잠 속으로 빠져든 듯하다.

기상캐스터의 표정이 밝지 않다. 목소리에도 걱정이 배어 있는 듯하다. 지금도 중부지방 위로는 많은 눈이 내리고 며칠을 더 이어질 전망이란다. 아마도 그쪽 사람들은 내리는 눈이 지겨울 것이다. 자연 현상에서도 희소성의 원칙이 적용되나 보다. 눈이 잦은 지역 사람들은 눈이 오면 '또 눈이냐.'며 볼멘소리를 뱉어내지만 거제사람들은 '야, 눈이다.'라며 환호성을 질러대지 않는가. 세상사가 다 그런가 보다. 만남이 길면 지겹고, 짧으면 아쉬운 것처럼. 육지에서의 눈은 고통이지만 거제에서의 눈은 축복인 이유다.

다음 날이다. 그것은 일장춘몽이었다. 세상을 포근하게 감싸던 태산 같았던 적설은 다 어디로 갔단 말인가. 어느새 툭툭 눈을 떨어버리고 숲이 잠에서 깨어난다. 눈이 그친 지 겨우 반나절밖에 되지 않았건만 북향의 언덕배기와 계곡에서만 쌓인 눈을 볼 수 있다. 벌써 매화가 피었으니 봄은 이미 우리 곁에 와 있다. 이쯤 되면 '먼 산에 남은 눈마저 따스하게 보인다.'는 어느 시인의 감성이 그대로 받아들여진다. 거제에는 눈을 보기도 어렵지만 설경을 오래 보기란 더욱 어렵다. 부부가 잠시 만나 얼굴 보고 나면 또 다시 바다로 나가는 뱃사람들의 삶을 닮아서일까. 짧은 만남, 긴 이별인 것이다.

주말에 등산을 갔다. 무덤가 언저리 노란 잔디 위로 쟁반만 한 얼음장이 보인다. 며칠 전에 내린 함박눈이 얼어버린 것이 분명하다. 주변의 큰 소나무들이 햇볕을 가려 일부가 아직 잔설 상태로 남은 것임을 알 수가 있다. 마른 잔디가 구멍을 낼 정도로 약해진 결정체에서 땀방울 같은 물방울이 잔디 위에 흐른다. 얼마 되지 않아 사라질 마지막 잔설이다. 그래도 마른 잔디에 애써 녹은 물방울을 보내고 있다. 봄날이 깊어지면 돋아날 새 잔디를 위하여.

어느새 내 자신 잔설 같은 위치에 놓였음을 실감하게 된다. 정년까지 겨우 일 년여 시간밖에 남지 않았으니 말이다. 그때를 맞추어 한 권의 수필집을 내기 위하여 틈틈이 글을 쓰고 있다. 내 본심은 글 자랑이 아니다. 사십 년 가까운 세월을 직장에 몸담은 사람으로서 후배들에 대한 의무감이기도 하다. 앞서 느끼고 경험한 일들을 한 사람 한 사람마다 들려줄 수 없는 노릇이다. 그럴 바에는 이 모든 것을 문학작품으로 승화시켜 한 권의 책으로 전하면 될 것이다. 사실 머잖아 태어날 수필 작품집은 내 작은 삶의 기록일 수 있다. 사람마다 생각이 다르고 관점이 다를 수 있으나 남의 글을 읽으면서 자기의 생각을 대입해 보면 그 또한 즐거운 일이다. 수필은 평소 직장에서 접하는 문서와는 비교될 수 없다. 그 속에는 진솔한 사람의 향기가 우러나기 때문이다.

사람은 누구나 종점에 이르게 된다. 정년이 되면 직장을 떠나는 일도 그중 한 가지일 것이다. 그냥 무의미하게 직장을 떠나기도 하고 최후를 맞이할 수도 있다. 그에 비하면 문학하는 사람들은 행복한 삶이다. 자기의 영혼을 용해시킨 작품을 세상에 남기고 갈 수 있으니 말이다. 후배들이 내가 쓴 수필을 읽으며 직장생활을 더욱 풍요롭게 하는 데 조금이나마 도움이 된다면 이만한 보람도 없을 것 같다. 잔설이 자기 몸을 녹여 마른 잔디에 수분을 주고 떠나는 것처럼 그렇게 정년을 맞이하고 싶다.

신문 속 세상

어둠이 짙게 깔린 꼭두새벽부터 찾아오는 반가운 손님이다. 얼굴도 모르는 배달원이 현관문 안으로 아침신문을 넣고 간다. 상쾌한 바깥 공기와 함께 진한 잉크냄새가 싫지 않다. 숨이 턱에 차도록 달려온 신문배달원의 온기가 남아 있다. 밤새도록 윤전기를 거치고 여러 사람의 손을 지나 내게로 전해진 고마운 신문이다.

멀리 국회의사당에서 싸우는 모습이 한 편의 영화 같다. 화가 치민다. 요즘 들어 유달리 북쪽 사람들이 날뛰는 기사에서 서서히 심장이 흥분되기 시작한다. 십수 년간 보수와 진보라는 이념적 기사가 지면을 뜨겁게 달구어 간다. 남북관계를 두고는 더욱 민감해지기 마련이다. 북쪽은 암흑천지가 되어 그들의 속내를 파악하기가 여간 어렵지 않다. 대개의 병원균은 햇볕에 노출되면 사멸하고 만다. 북한이 국제사회의 일원으로 떳떳하게 나서지 못하는 이유이자 두려움일 게다. 그들이 살아남기 위하여 음습한 곳을 즐기다 보니 드리운 장막이 몇 겹인지 알 수가 없다. 그런 두꺼운 장막 뒤에서 소름끼치는 일만을 꾸미고 있는 것이다.

상황이 이러함에도 보수와 진보의 논쟁은 평행선을 긋고 있다. 크게 보면 나라를 걱정한다는 공통점이 있다. 그러나 우리들이 각자의 생각들을 주장함에 있어 넘을 수 없는 선이 그어져 있음을 알게 된다. 그것은 상대를 이롭게 하거나 오판하게 해서는 안 될 우리의 생명과 같은 선이다.

이웃 나라 사람들이 우리 땅을 보고 욕심을 낸다. 심장이 막 고동치기 시작한다. 나쁜 짓하다가 죽고, 살기 힘들어 죽고, 지구가 제 살을 찢어서 여기저기 살육이 일어난다. 신문이 온통 상처투성이다. 감정의 이입이라 하였던가. 내 마음도 회오리에 휩싸인 느낌이다. 아침부터 신문을 읽으면서 혈기를 부추기니 정신 건강에 나쁠 것이라는 생각이 든다. 평상심을 잃기 십상이니 말이다. 이럴 때는 신문을 끊고 싶어진다. 아마 그때의 내 얼굴빛은 붉고 심하게 굳어 있었을 것이다.

한동안 분통을 터트리게 하더니 서서히 안정을 되찾게 된다. 정말 신문은 병 주고 약 주고다. 에너지가 흠뻑 느껴지는 예쁜 김연아도 보이고, 한 편의 좋은 시도 읽을 수 있다. 자신의 신장 한 개를 남에게 떼어주고 편안한 미소를 보내는 천사도 함께 있음을 보았기 때문이다.

신문 속은 온통 인간극장이다. 선과 악이 공존하는 공간이다. 그것은 나의 모습일 수도 있고 우리들의 자화상일 수도 있다. 태평양 건너, 현해탄 건너 머나먼 이국땅의 일들이 바로 우리들의 문제가 된다. 잔잔한 호수에 돌을 던지면 그 파문이 호수 가장자리까지 밀려가듯 말이다. 이제 강 건너 불구경이라는 말은 옛말일 뿐이다. 무릇 사람이란 서로 관계를 맺지 않으면 살 수 없는 존재다. 멀리 중국 땅에서 황사가 발생하면 우리나라 사람들이 고통을 겪어야 한다. 태평양 건너 아이티에서 지진으로 인한 불행이 발생되니 우리가 어떤 도움을 주어야 할지를 고민하는 것만 보아도 알 수 있는 대목이다. 나만 편하면, 우리나라만 편하면 살 수 있는 세상이 아닌 것 같다.

다 읽은 신문은 신문지가 된다. 거실 한구석에 아무렇게나 널브러져 있다. 짧은 생을 마감한 하루살이처럼. 아내가 프라이팬에 생선 굽는 냄새를 줄이기 위해 신문지 한 장을 들고 간다. 나머지는 폐품처리 신세다. 조금 전까지 잉크 냄새를 풍기며 생기 넘치던 것이 금세 풀이 죽어 있다. 신문은 책과 달리 일회용인 이유이기도 하다. 그러기에 마음 편하게 읽고 마음 편하게 버려야 하는데 그런 점에서 아직 미숙한 것 같다.

오늘도 이른 아침 현관문을 연다. 마음 들뜬 사람처럼 아침신문을 펼친다. 좋은 일, 희망 가득한 세상 이야기였으면 하는 기대를 가져본다. 하지만 또 실망이다. 기사대로라면 살맛나는 세상이 못 된다. 지구촌의 모든 군상들이 아귀다툼하며 궁상떠는 모습이다. 또 다시 이것이 우리네 삶의 본질일까 하는 회의를 갖게 한다.

그러다가 문득 생각을 바꾸기로 했다. 이 세상이 아귀다툼을 하는 것이 아니라 조화를 이룬다고 말이다. 앵글을 바꾸었을 뿐인데 정말 재미있고 조화로운 세상처럼 느껴진다. 지금껏 부정적인 눈으로 세상을 바라본 까닭에 필요 이상의 스트레스를 받은 것 같다. 긍정적인 사고를 하게 되니 마음이 한결 편안해지는 것을. 신문을 읽으면서 얻은 지혜려니 생각한다.

이슬처럼

한 여인이 생을 마감했다. 서른두 살의 고운 나이에 저세상으로 갔다. 그 누구 울어줄 사람도 없는 단칸방에서. 먹을 것 없고, 병든 몸으로 지탱하기 힘들어 꿈과 희망의 끈마저 놓아버렸다. '남는 밥이랑 김치가 있으면 집 문을 두들겨 달라.'는 쪽지 한 장만 현관문에 남겨두고 갔다. 그것은 유서가 되어 버렸다. 그 쪽지에 적힌 사연이 가슴을 울린다. 글을 쓰는 사람으로서 일어나는 공감뿐만이 아니다. 그것은 어려웠던 시절에 밥을 굶어본 사람으로서, 심하게 아파 본 사람으로서 저절로 느껴지는 전율이다. 한때는 유망한 극작가로 떠오르다 무명 문인으로 사라져간 그 여인이 아침이슬 같다는 생각이 든다.

농촌에서 나서 자란 사람이면 누구나 아침이슬을 경험하게 된다. 풀잎에 맺힌 이슬은 아침 햇빛을 받으면 영롱한 진주처럼 반짝인다. 그 뿐만이 아니다. 숲 근처로 가다보면 떡갈나무와 청미래 잎사귀에 맺힌 굵은 이슬방울을 보게 된다. 잎자루에 입술을 갖다대면 목 안으로 시원하게 넘어가던 기억은 잊히지 않는다. 그러고 보면 이슬이 맺히지 않는 곳이 없다. 심지어 거미줄에도 대롱대롱 달려 반짝인다.

가뭄이 심한 여름. 낮 동안 작열하는 태양에 시들해진 온갖 식물이며 곤충들이 밤새 맺힌 이슬을 받아먹고 생기를 되찾곤 한다. 이렇게 자연계의 갈증을 풀어주고는 아침 해가 떠오르면 잠시 후에 사라지고 만다. 어쩌면 이 여인도 이슬처럼 살다 간 것이다.

어느 책에서 '셰익스피어'도 빵을 위해 글을 썼다는 구절을 보았다. 먹고 살기 위하여 열심히 글을 쓰다 보니 대문호가 되었다는 말이다. 이렇게 보면 글쟁이도 먹어야 글을 쓸 수 있다는 지극히 평범한 사실을 알게 된다. 내 자신 새내기 문인이지만 마음 편하게 글을 쓰고 있다. 글 쓰는 일이 직업이 아니기 때문이다. 굳이 취미생활에 가깝다는 생각이다. 이 여인과 같이 생계형 작가라면 모든 것이 달라질 수밖에 없다. 꿈, 희망, 그리고 생계라는 절박한 현실을 마주한 여인이다. 거기다가 두 가지 병마의 고통까지 안고 있다. 이와 같은 환경이 그 여인의 가슴을 옥죄었던 게 분명해 보인다.

마지막 자존심마저 버린 흔적은 현관문에 나부끼는 쪽지가 말해 주고 있다. 그러면서도 문학을 사랑하고 죽음 앞에서도 의

연했던 생전의 모습이 엿보인다. 누군가를 향하여 도움을 요청했다는 것은 정이 메마르지 않은 세상이라고 믿은 흔적일 수 있다. 더구나 세상을 원망하는 유서라든지, 트위터 같은 그 흔한 매체에 몇 마디 글마저 남긴 일이 없었던 것만 보아도 짐작이 간다. 지병의 고통을 안고, 배고파도 먹을 것 하나 없는 환경에서, 밤낮없이 글쓰기에 몰두하던 그녀의 모습이 그려진다. 가슴이 아려오는 이유다.

누가 이슬을 덧없는 인생에 비유했던가. 한순간의 현상만을 놓고 보면 옳은 말이다. 그러나 오늘 이슬이 있던 자리에서 내일도 볼 수 있으니 영원하다 말할 수 있다. 하지만 이 여인은 그렇게 될 수가 없다. 생명은 하나뿐이기 때문이다. 다만 이슬처럼 맑고 영롱한 영혼을 가진 여인임을 짐작게 한다. 문학을 사랑한 죄로 죽을 수밖에 없었다면 그건 너무 잔인한 현실인 것이다.

부디 생전의 좋은 작품 하나라도 불후의 명작으로 남았으면 하는 바람이 간절하다. 그러면 영롱한 아침 이슬처럼 그 여인의 문학 혼이나마 깨어나지 않을까.

파랑감자

직장 자원봉사단을 만들었다. 단원들이 모여서 첫 기념사업을 의논했다. 열띤 토론 끝에 비어 있는 땅을 찾아내어 감자농사를 짓자는 의견이 모아졌다. 감자를 직접 생산하여 복지시설에 기부하기 위함이었다. 이 분야 사전 지식을 갖지 못했지만 두려움보다 설렘이 앞선다. 흙냄새 배인 농군의 피가 무색하지 않았나 보다.

비록 영농 기술은 부족했지만 그 열의만큼은 대단했다. 모자라는 농사기술을 배워야 했다. 밭농사를 잘 아는 분한테 배워서 오는 사람이 있는가 하면, 종묘상을 통하여 배워 오기도 하였다. 어느 여성단원은 그릇 가득 재를 담아왔다. 할머니에게서 한 수 배웠다고 자랑을 늘어놓는다. 씨감자는 토막을 내어 심게 되는데 그 잘려진 부위에 쓸 재였다. 잘린 부분의 감염을 막는 데

요긴하다는 설명도 곁들였다. 모두가 자연학습장에 나온 어린 학생처럼 순수하다. 이 일을 책임진 나로서는 열심히 참여하는 단원들이 고맙기만 하다.

봄 감자농사는 대체로 수월한 편이다. 씨감자를 심은 뒤에 꽃 따러 한 번, 잡초 뽑으러 한 번, 그 다음 호미 들고 수확하러 간 것이 전부이니까. 그러나 봄 감자는 그 수확시기가 장마 기간이 된다. 자칫 시기를 놓치기라도 하면, 밭에서 그냥 썩히기 십상이라는 농사정보를 얻었다. 감자 수확하는 날의 일기예보를 들었다. 오전에는 흐리고 오후부터 큰비 소식이다. 서둘러 감자를 캐어야 한다. 이른 아침부터 감자 수확을 할 수밖에 없다. 아침 여덟 시까지 도착하라는 기별을 보냈다. 미안한 생각이 들었지만 어쩔 수 없었다.

감자를 수확하는 재미가 좋다. 여기저기서 환호성이 터졌다. 다들 감자 캐는 재미를 넘어 신비감마저 느끼고 있었다. 한 개를 세 쪽 정도 내서 심은 씨감자였다. 이것이 자라 줄기마다 두세 개 정도는 기본으로 딸려 나온다. 이어서 몇 번의 호미질을 했을 때는 큰 것, 작은 것 하여 보통 일곱 개씩은 되었다. 허리가 아픈 것도 잊은 채 감자 캐기에 푹 빠져 들었다.

우리가 어린 시절, 감자를 쪄 먹으면 혀끝을 톡 쏘는 것이 있었다. 어른들은 그런 감자를 해를 본 것이라고 했다. 독성이 있어 많이 먹으면 사람이 죽는다고 일러주었다. 먹으면 죽는다는 말이 무서워 파랑감자에 대한 공포심이 지금껏 머릿속에 남아 있다. 해를 본 감자는 대체로 씨알도 잘고 색깔은 파랑색을 띠었다. 캔 감자를 살펴 조금이라도 파랑색이 보이면 아낌없이 버렸다. 그런데 단원들이 내가 버린 파랑감자까지 주워 담아버렸다. 사전에 충분하게 이해를 구하지 못한 내 잘못이 컸다.

파랑감자가 많았던 이유도 알게 되었다. 우리 단원들이 시간적 여유도 없었거니와 농사기술이 모자라 북 주는 일을 안 했기 때문이다. 이 감자를 먹을 사람이 복지시설 원생들이기 때문에 더욱 걱정이 된다. 어릴 적 경험이지만, 엄마는 감자의 파랑색 부분을 도려내었다. 그런 잔손질 없이 바로 쪄서 먹다가 탈이라도 생기면 어쩌나 싶어 걱정이 태산이다.

파랑감자는 별의별 상상을 다 불러일으켰다. 이제 막 출범한 봉사단이 이 일로 좌초될 수도 있다. 그 책임을 져야 할 사람이 단장 직책이다. 그래서 내 눈에 유난히도 파랑감자가 잘 보였던 것이었을까. 괜찮으니 그냥 두라는 단원들의 목소리가 등 뒤에서 들려온다. 못 들은 체하였더니 나를 소심한 사람으로 몰아가고 있었다. 그러나 그들의 만류가 귀에 하나도 들어오지 않았다. 그것은 결코 못난 고집통이 아니었다. 책임자라는 의무감이었다. 파랑감자를 생산한 것도 우리들의 잘못일지언정 감자의 책임이 아닌 것이다. 한번 잘못된 일을 제때 치유하지 않으면 시일이 지날수록 더 큰 문제를 일으키는 경험을 한 바 있다. 결코 소심한 사람이 아님을 내 자신에게 위로 받으면서 파랑감자를 하나하나 골라내었다. 일을 끝내는 데는 꽤 긴 시간이 걸렸다. 수송 차량이 오기 전까지 그 일을 겨우 마무리 지었다. 아픈 허리를 펴면서 하늘을 쳐다보았다.

하늘은 잔뜩 찌푸려 있었고, 금방이라도 장맛비가 쏟아질 것 같은 기세다. 단원들은 농기구를 씻어 정리하는 등 철수 채비로 분주하다. 연락을 받은 시설에서 운송차량이 도착했다. 파랑감자를 잘 골라내었으니 가벼운 마음이다.

어눌한 인사말로 악수를 청하며 천사처럼 웃어 보이던 복지원 친구들, 부모의 정이 그리운지 우리만 보면 안아 달라고 두 팔을 벌리던 육아원의 어린 원생들이, 따뜻한 감자를 맛있게 먹는 모습이 아침 해처럼 떠오른다. 일을 마친 단원들의 몸에서 땀 냄새, 흙냄새, 거름냄새, 행복 냄새가 퓨전요리의 향기처럼 묻어난다.

술에 대한 소고小考

인체에 있어 술은 분명 독毒이다. 그러므로 우리가 술을 마신다 함은 독을 마시는 것과 같다. 술을 못하는 사람이 술에 대하여 부정적인 평을 내리면 세인들은 본인이 술을 못하니까 그런다고 말한다. 반면 술 잘하는 사람이 술에 대하여 예찬론을 편다면 대부분의 사람들은 고개를 끄덕인다. 저 사람은 술을 좋아하는 사람이라 그런다고 말할 사람은 아마 없을 듯하다. 벌써 우리 생활 깊숙이 술에 대한 편견이 존재하는 것이다. 뿐만 아니라 세인들은 술에 대하여 그만큼 관대하다는 말이 된다.

우리 인체는 외부에서 영양을 섭취하여야만 살 수 있도록 되어 있다. 몸속으로 음식물이 들어오면 그로부터 영양소를 흡수하여 인체를 지탱하게 된다. 그런데 체내에 불필요한 물질이 침

투하면 즉시 반응을 보인다. 식중독 균이 우리 몸에 들어오면 바로 배탈을 일으켜서 몸 밖으로 밀어내는 방어체계가 작동하게 되는 것이다. 뿐만 아니라 음식물 속에 나쁜 성분이 내포되어 있어도 복통이나 알레르기 반응을 보인다. 술은 구토를 일으키기도 하고, 심하면 배탈을 불러오기도 한다. 더구나 술에 약한 사람들은 적은 양을 섭취하여도 눈의 충혈과 피부의 발진이 일어난다. 오랜 기간 주독이 쌓이면 간장과 췌장에 이상 증세를 유발한다는 전문의의 기고를 본 적이 있다. 이렇게 보면 술은 인체가 거부하는 물질임에 틀림없다.

이 분야 전문가가 아니더라도 우리 주변에 나타나고 있는 현상들을 모아서 살펴보면 유추해 볼 수 있는 것이 더 있다. 질병을 앓고 있는 사람이 술을 마시면 그 병이 더욱 악화된다. 간 질환, 폐 질환, 신장 질환, 관절염, 당뇨병 등을 앓고 있는 환자가 술을 마시게 되면 건강상태는 더욱 나빠지게 되는 것이다. 특히 임신부가 음주를 하였다면 그 태아는 안전을 기대할 수 없는 상황이 된다. 그 뿐만이 아니다. 뇌의 손상으로 치매상태로 고생하다가 생을 마감하는 술 중독 환자도 흔하게 본다. 어디를 보더라도 술이 병을 고치거나 몸에 유익하다는 정보를 찾아볼 수 없다.

술에 대하여 잘못 알고 있는 것도 있다. 술이 소화를 돕는다는 속설을 믿고 있는 점이다. 어르신들이 반주를 즐기는 것도 이 때문이다. 그러나 그 폐해를 모르고 있다. 술은 체내에서 소화를 촉진시키는 성분이 있으나 권장할 일은 못 된다고 한다. 외부에서 강제로 들어온 소화촉진 성분은 소화효소를 생성하는 중요 장기의 기능 저하와 퇴화를 유발한다는 것이다. 잘못 알려진 상식 중에는 매우 위험한 것도 있다. 바로 술이 혈압을 떨어뜨린다고 믿고 있는 점이다. 이 또한 일시적으로 혈관을 확장하여 혈압을 강하시키는 효과는 있으나 결국 혈압을 상승시키는 요인이 된다.

애주가들은 술에 대한 예찬을 아끼지 않는다. 술을 마시면 기분이 좋아진다는 것이다. 그 뿐이 아니다. 잠도 잘 오며, 담대해져서 큰일을 도모할 수 있다는 말을 하곤 한다. 이렇게 음주 예찬을 할 정도가 되면 벌써 중증상태라고 한다. 이외에도 지나친 음주로 인한 폐해는 많다. 대표적 사례는 가정폭력과 음주운전 사고를 들 수 있다. 이 두 가지 사례를 중심으로 일년간의 피해액을 산출했다고 생각해 보자. 잘은 몰라도 천문학적인 액수가 될 것임에 틀림없다. 그럼에도 어느 국가기관에서도 이러한 통계를 발표한 것을 보지 못했다.

술은 일시적으로 정신을 혼미하게 하여 기분을 좋게 하는 마약의 일종이라고 말할 수 있다. 따라서 중독성이 있으며, 건강을 악화시키는 작용을 한다. 애주가들이 말하는 술의 장점, 알고 보면 그들도 술의 힘을 빌렸다는 말밖에 안 된다. 달리 말하면 용기 없는 사람이 술의 힘을 빌려 일을 저질렀다고 해야 옳다. 어떤 사람은 술을 마시면 괴로움과 슬픔을 잊을 수 있다는 말을 한다. 이 또한 현실 도피요, 나약한 인간의 한 단면을 보인 것에 지나지 않는다. 술은 서로의 장벽을 허물어서 인간관계를 원만하게 한다고 말한다. 이 또한 뒤집어 보면 술을 매개로 상대편의 내면에 감추어진 생각을 알아낸 것에 지나지 않는다. 그렇게 하여 자신에게 유리한 방향으로 관계를 설정한 것밖에 무엇이란 말인가.

어제도 음주운전이 원인이 되어 대형 교통사고가 났다는 보도가 있었다. 술이 인체에 흡수되면서 정신을 교란시킨 결과리라. 언뜻 묘한 생각 하나가 머릿속을 꽉 채웠다. 바로 정신과 술에 대한 상관관계를 정립해 보는 것이었다. 그것은 정말 평범한 생각일 수 있다.

사람마다 자기를 지켜주는 신이 있지 않을까. 그 신이 바로 정신精神일 것이다. 그런데 술이라든지, 마약과 같은 물질이 인체에 들어와 뇌를 교란시키면 그 정신이 빠져나가 버리고 대신 잡귀가 뇌를 지배하기 때문에 사고로 이어질 것이라는 나름의 가설을 세운 것이다. 이 가설은 지구상에서 내가 정립한 나만의 이론일 것이라는 생각을 하면서 속으로 만족스럽게 웃은 일이 있다.

이제 나름으로 술이 왜 나쁜지에 대하여 알아보았다. 우리가 술의 장점이라고 알고 있는 것도 실상을 알고 보면 우리 자신이 갖다 붙인 수사에 불과하다. 술은 몸에 해롭고, 다른 사람에게 위해를 가할 뿐이다. 어디를 찾아봐도 우리에게 이익이 되는 것은 하나도 없다. 술이야말로 알고 보면, 백해무익百害無益 일 호一號인 것이다.

'술을 많이 마시는 민족은 망할 것이요, 차를 즐겨 마시는 민족은 흥할 것이다.'라고 하신 다산 정약용 선생의 말씀을 가슴 깊이 되새겨 본다.

어떤 우렁각시

현관문 바깥 면에 전단지가 나부낀다. 간밤에 누가 몰래 붙여 놓고 사라지니 뭐라고 한마디 할 수도 없다. 출근을 하다 말고 모두 떼어서 일층 구석에 갖다 놓는다. 그러면 우리 아파트 미화원이 모두 수거해 간다. 이곳에 입주한 다음날부터 지금까지 매일같이 반복되는 일이다. 요즘 전단지는 코팅 처리가 되어 있어 표면이 매끄럽다. 이것이 계단바닥에 나뒹굴면 위험할 수 있다. 출입하는 사람이 밟아 미끄러질 수도 있는 것이다. 전단지 내용이랬자 유익한 것도 없다. 아파트 가격이 얼마이니 담보 잡혀 사채 빌려가라, 술집 개점했으니 놀러 와라, 저렴한 가격으로 세일하니 옷 사러 와라, 생필품 사러 와라 등등 자질구레한 선전물이다.

앞 집 현관문에도 똑같이 어지럽게 붙어 있다. 그 집 양반은 아직 출근을 안 한 건지, 뜯어내는 일을 포기한 건지 모르겠다. 출근길에 보면 일층 우편함 밑에 똑같은 전단지가 수북이 쌓인다. 어제 오늘의 일이 아니건만 전단지를 붙이고 사라지는 사람을 한번도 본 적이 없다. 아내한테 물어봐도 마주친 적이 없다 한다. 그러니 점점 궁금해지는 것이다. 장본인을 만나봐야 따끔한 주의를 주든지 할 것인데 우렁각시처럼 마주치지를 않으니 속만 끓어오를 뿐이다.

동화 속 이야기지만 우렁각시는 결혼 못한 노총각 몰래 나타나서는 밥 짓고, 빨래해 주는 착한 처자다. 몰래 전단지를 붙이고 사라지는 어떤 사람. 남몰래 짜증스런 짓을 하고 사라지는 나쁜 우렁각시다. 그래도 공통점은 있다. 남몰래 일을 해 놓고 사라진다는 것과 그래서 궁금증이 더해지는 것이다.

남에게 짜증을 불러일으키는 이 사람은 어떤 모습일까. 마스크를 하고 선글라스를 쓰고 다니는 얄미운 사람쯤으로 그려진다. 일당을 받고 남의 눈을 피해 이런 짓을 하다니. 필경 아르바이트 학생이거나 어떤 아줌마의 소행일 것이라는 막연한 상상만을 하고 있었다.

그렇게 붙이고 떼어내고 한 지도 오 년여 세월이 흘렀다. 이제는 그 일도 하루 일과처럼 익숙해지고 있을 즈음, 우연히 그 우렁각시와 맞닥뜨리게 되었다. 그날이 선친 기일이어서 큰 집에서 우리 아파트로 돌아왔을 때가 새벽 두 시께였다. 우리 집 현관 앞에서 너덧 장의 전단을 붙이고 막 손을 놓으려는 찰나에 나와 마주쳤다. 어떤 아주머니가 오른쪽 다리를 절면서 황급히 일층으로 내려가는 것이다. 잡히기만 하면 주의를 주어야겠다는 생각으로 꽉 차 있었지만 그날은 참을 수밖에 없었다. 깊은 밤인지라 그들과 시비를 가리고 싶지 않았기 때문이다. 오히려 도둑이 아닌 것 같아 마음이 놓였다. 손에 든 것이라곤 낡은 비닐 쇼핑백이 전부였고 붙이다 남은 전단 몇 장이 비죽이 보였다.

오십대 중반으로 보이는 그 여인은 수수한 차림새에 지체장애를 가진 사람이었다. 어딘가 모르게 그런 모습에서 고단함이 느껴졌다. 그 여자가 일하는 시간대는 남들이 깊은 잠에 빠진 틈을 이용하였기에 우리와 마주칠 확률이 적었던 것이다. 궁금증 하나가 풀려서 좋기는 한데 마음 한구석이 개운치 않다. 어느 누가 새벽일을 하고 싶을까. 그보다도 다리에 장애를 가진 사람이 아닌가.

야음을 틈타 사람들 몰래 붙이는 것을 보면 결코 올바른 행동이 아니라는 것을 알고 있다는 말이 된다. 그렇다면 그 벌은 너무도 가혹한 것이다. 장애를 가졌으면서도 깊은 밤 시간대에 일을 해야만 하니 말이다. 하루 밤잠을 설쳤을 뿐인데도 며칠 동안 나른했던 경험이 떠오른다. 문득 그 여인이 가엾다는 생각이 들었다. 나에겐 하찮은 전단지이지만 그 사람한테는 생계가 걸린 일감인 것이다. 더운 날, 추운 날 가리지 않고 매일 새벽 반복되는 그 여자의 생업이었다는데 숙연함마저 일어난다.

이마에 송골송골 맺힌 땀방울을 소매로 훔치면서 새벽일과를 마친 그 여인. 얼마 안 되는 수고비를 받아들고 절뚝거리며 집으로 향하는 모습이 그려진다.

오늘 아침 출근길에도 나붙은 전단지를 떼어들었다. 그렇지만 짜증도 원망도 하고 싶지 않았다. 그 여인의 땀기와 절박한 삶의 무게가 함께 느껴졌기 때문이다.

명상을 시작하면서

새벽 다섯 시다. 알람이 시끄럽게 나를 깨운다. 그동안 여섯 시에 맞추어 놓았던 알람을 큰맘 먹고 다섯 시로 바꾸어 놓았다. 내 자신을 단련하고 길들이는 주체는 바로 나인 것이다. 나이를 더해가면서 자꾸만 뒤처지고 게을러진다면 아마도 나에겐 미래가 없을 듯했다. 일찍 일어나는 새가 벌레를 잡는다는 말이 있지 않는가. 지금부터라도 평소보다 한 시간 일찍 일어나는 습관을 들이기로 했다. 새해 아침에 내 스스로에게 한 다짐이다.

매년 겨울철이면 몸이 웅크려 든다. 출생시기가 동짓달이라서 태어나면서부터 혹독한 추위를 겪은 탓이리라. 겨울철에서부터 이른 봄까지는 바깥에서 운동하는 게 싫기만 하다. 운동이라도 열심히 하여 체력을 다져야 함에도 추위를 싫어하는 나로서는 새벽운동은 엄두조차 낼 수 없다. 그렇다고 긴긴 겨울 동안 무기력하게 지내자니, 환자 아닌 환자가 된 것 같다. '이래서는 안 돼.' 혼자서 궁리하기 시작했다. 엉뚱하게도 머릿속에 제일 먼저 떠오르는 말이 있었다. '자신을 이기는 자가 제일 강자다.' 였다. '그래, 지금부터 명상이라도 하자.' 정신력이라도 키워서 인생의 후반을 대비하려는 것이 내 생각이었다. 일체유심조一切唯心造라는 불가佛家의 가르침이 있지 않던가.

조용히 일어나 창을 마주보고 앉았다. 가부좌를 하고 등줄기를 곧추세웠다. 그리고 가슴을 펴고 심호흡을 세 번 했다. 몽롱했던 머릿속이 맑아지면서 남아 있던 잠 뿌리가 달아남을 느낀다. 찬 기운에 지친 가로등 불빛이 희미하게 창을 밝힌 채, 천지는 고요 속에 침잠해 있다. 무슨 구도자가 된 느낌으로 조용히 눈을 감는다.

명상하는 일이 쉬운 게 아니라는 것을 잠시 후에 알게 되었다. 제일 먼저 귀를 괴롭히는 잠들지 않는 소리가 있었다. 벽시계 초침 돌아가는 소리, 옆에서 곤히 잠든 사람의 숨소리, 거실 한구석에 장승처럼 서 있는 냉장고 팬 돌아가는 소리였다. 이런 소리들이 평소에는 느끼지 못 하였지만 고요 속에서는 소음이 됨을 처음으로 알았다. 성불을 위해 구도자가 된 스님들이 깊은 산속의 사찰을 찾는 이유를 알 것 같다.

명상은 그야말로 무념무상無念無想이 기본이라 했다. 고요한 새벽에 정좌로 눈 감고 앉으면 명상은 절로 되는 줄 알았다. 정말 어처구니가 없다. 머릿속에 떠오르는 상념이 이리도 많을까.

먼저 가신 아버지 얼굴, 서울에 혼자 공부하며 지내는 작은아들 생각, 직장에서의 업무, 어린시절 친구들 생각까지……. 그야말로 오가는 상념들을 정리하면 작은 책 한 권은 될 것 같다. 이래서야 어찌 명상을 한단 말인가. 더욱 자세를 바로하고 내 숨소리마저 들리지 않을 만큼 조심스레 호흡하는 연습부터 하기 시작했다. 일순간 잡념은 물리칠 수 있었으나 이번에는 귀 안에서 평소에 느끼지 못한 약한 이명耳鳴이 느껴진다. 이게 또 병이 된다. 나도 모르는 사이에 이명을 앓고 있는 것은 아닐까, 이래저래 걱정 하나를 더 얻고 말았다.

겨울밤은 길기도 하다. 창밖에는 새벽 직전의 어둠이 더욱 짙게 깔렸다. 부지런한 사람들이 우유 배달을 위해 손수레 끌고 지나는 소리가 적막을 깨트린다. 창밖이 점점 밝아오면서 겨울 까마귀와 까치 울음소리가 새벽을 연다. 우리 아파트는 산 바로 밑에 위치해 있다. 여느 때 같으면 청아한 산새 지저귀는 소리를 들을 수 있다. 그러나 추운 겨울 동안에는 산새 소리를 들을 수가 없다. 까마귀와 까치가 싸우는 소리만이 요란스러우니 겨울 새벽은 더욱 을씨년스럽게 느껴지는 것이다.

가부좌를 풀고 조용히 눈을 뜬다. 다리가 저려 한동안 그대로 앉은 채로 풀리기를 기다려야 했다. 그래도 오늘 마음먹은 일을 처음으로 실천했다는 생각에 가슴이 뿌듯하다. 제발 작심삼일作心三日이 되는 일이 없어야 한다. 다짐 또 다짐하면서 아침을 맞는다.

입춘을 맞으며

입춘이다. 입춘은 기다림 끝에 얻은 선물 같은 것. 봄은 남쪽 바다를 건너 살며시 육지에 내려앉는다. 오늘을 기다려 상륙 채비를 마친 것이다. 지인이 구조라 언덕배기의 매화꽃을 카메라에 담아 메일로 보내왔다. 봄은 양지바른 언덕배기에 성큼 다가온 것이다. 그것만으로도 입춘대길이다. 사진 속의 매화나무는 수많은 꽃망울을 잉태하고 있다. 모진 풍상 이겨낸 당찬 꽃이다. 인고의 기다림 끝에 잉태한 봄소식에 가슴이 설렌다. 그동안 몸도 마음도 추위 앞에서 움츠려 들었다. 땅속에 몸을 숨긴 온갖 식물과 미물들도 죽은 듯 움직임이 없다. 비로소 남쪽 양지의 매화가 봉화를 올리니 아지랑이를 타고 봄은 그렇게 번져 가리니.

참으로 의미 깊은 말을 책에서 얻었다. '찬바람을 맞고 서 있는 나목裸木은 추위를 견디는 것이 아니라 봄을 기다리는 것'이라고. 기다린다는 의미는 무턱대고 세월을 보내는 것이 아니다. 거기에는 빈틈없는 준비와 고통이 따르기 마련이다. 나는 오늘 무엇을 준비하며 기다려야 하나. 정년 이후를 설계하고 준비해야 할 사람이다. 그러나 무엇 하나 뚜렷이 손에 잡히는 게 없다. 아무런 준비가 되어 있지 않으니 불안을 느끼게 된다. 기우인지는 모르지만 이 일로 여러 날을 고민한 적이 있다. 먼저 퇴직한 선배들의 후일담이 자꾸만 귓가에서 맴돌기 때문이다.

퇴직 이후에는 모든 게 석 달이라고 했다. 평소 낚시라든지, 등산, 여행 같은 것도 마찬가지라 한다. 직장생활 중에 어렵사리 시간을 얻어 그런 여가를 가질 때가 진정 즐거운 일임을 그때는 몰랐단다. 아무런 준비 없이 정년을 맞고 보니 말이 정년이지 나이가 너무 젊은 게 탈이었다. 마음과 몸이 정년을 거부하게 되니 현실 부적응이라는 문제를 낳는다는 것. 향후 십년의 공백을 생각하면 두렵다는 말들을 하고 있는 것이다.

어느 신문 지면에 실린 기사를 읽었다. 중년 초반에 명예퇴임을 맞이한 어느 직업군인의 이야기다.

> 오랜 군 생활에서 정년을 맞이하였지만 나이는 그렇게 많은 편이 아니었다. 재취업을 하기 위하여 여러 회사를 방문하였으나 허사였다. 회사 측에서 돌아오는 말은 똑같았다. 당신이 잘 할 수 있는 기술이 현재로서는 없지 않느냐는 것이었다. 그 사람은 큰 충격을 받았으나 좌절하지 않고 기술 습득에 나선 결과 전기분야 자격증 세 가지를 취득하여 당당히 입사에 성공하였다.

이 기사의 내용에서 많은 용기를 얻는다. 준비하며 기다린다는 지혜도 아울러 주고 있다. 정년은 누구에게나 찾아오지만 그 마음가짐은 천차만별일 것이다. 세월 앞에 어쩔 수 없이 밀려나간다고 생각하면 얼마나 불행하랴. 반대로 정년 이후엔 더 아름다운 삶이 나를 기다리고 있다는 상상을 해 보면 어느새 마음이 평화로워진다.

신문 지면을 통한 간접 경험이기는 하지만, 정년 이후에도 가능성은 누구에게나 열려 있음을 알았다. 용기 있는 도전이 전제되는 일이기는 하다. 나처럼 그런 자신감이 결여된 사람이라면 낭만적 삶을 살아보면 어떨까. 낭만이 꼭 젊은 시절의 전유물일 수는 없는 것이다. 직장에서 갖지 못한 농사일 자체가 낭만적일 것이라는 생각을 갖게 한다. 수박, 참외를 길러 놓고 원두막을 지어 객지에 있는 고향 친구들을 불러 모을 수 있으면 얼마나 좋을까. 밤이슬에 맞은 참외와 수박을 따서 안주삼아 깎아놓고, 하늘의 별을 보며 막걸릿잔을 기울이며 말이다. 온갖 풀벌레 소리 들으며 세상 살아온 이야기로 밤을 새면 어떨까. 고추, 상추 따다가 가는 길에 듬뿍 담아주며 다음날을 기약하면 사람 사는 감칠맛이 나지 않을까.

입춘 날 아침, 외투를 벗어버리고 출근을 한다. 바깥 분위기가 외투 착용과는 어울리지 않는다는 직감이 들어서다. 안개가 잔뜩 끼었다. 포근하게 느껴진다. 벌써 뜰 앞 목련은 꽃눈이 굵어졌다. 지난겨울이 그리도 추웠기에 봄을 기다리는 마음이 더욱 간절했나 보다. 모든 시름일랑 묻어버리고 입춘의 의미를 다시 한 번 되새겨 본다. 그러면 제 이의 삶도 입춘처럼 찾아오리니.

흰머리 다스리기

세월 앞엔 어쩔 수 없나 보다. 아침마다 헤어 드라이기로 머리를 말리면서 부쩍 늘어만 가는 흰머리에 꽤나 신경이 쓰인다. 앞머리 가장자리에 난 흰머리카락은 가위로 잘라서 솎아낸다. 그러면 조금은 젊게 보이기 때문이다. 어느새 나이를 감추고 싶은 심리가 발동되나 싶어 씁쓰레한 느낌을 받는 요즈음이다.

불혹의 나이에도 흰머리카락이 전혀 보이지 않았다. 그래서인지 처음 만나는 사람들은 한결같이 내 나이를 다섯 살 정도 적게 보았다. 부모로부터 훌륭한 유전인자를 물려받은 것에 감사하기는커녕 남보다 젊어 보인다는 게 싫은 적이 있었다. 머리가 일찍 센 사람들의 입장에서 보면 부러움을 살만큼 복 받은 건데. 한 시대의 사회 저변에 투영된 의식의 단면이랄까. 그때에는 사회 곳곳에 권위주의가 팽배했다. 나이가 좀 들어 보이는 것이 왠지 남자로서 권위가 있어 보였기 때문이다. '흰머리가 좀 났으면 좋겠다.'는 생각을 하루에도 몇 번씩 하곤 했다. 지금 생각하면 정말 어처구니없는 짓이었다.

그러던 어느 날 내 머리가 하얗게 센 꿈을 꾸었다. 그 꿈을 꾼 지 얼마 되지 않아 희끗 희끗 흰머리가 보이기 시작했다. 무슨 축복을 받은 양 그렇게 기쁠 수가 없었다. 흰머리가 섞이니 중후한 멋이 있어 좋다느니 무게가 느껴진다는 등 지인들의 인사말이 되곤 했다.

지천명을 한참 지난 지금은 흰머리카락이 검은 것보다 약간 많게 보인다. 이발 중에 앞치마 같은 가리개 위로 가위에 잘려 떨어져 내리는 것들을 살펴보아도 알 수 있다. 흰머리와 검은 머리가 반반으로 섞여 나온다.

흰머리카락은 검은 것보다 약간 억센지라 몇 번씩 헤어 드라이기로 눌러도 얌전하게 눕지를 않는다. 가르마 부분에 주뼛주뼛 서 있는 것도 흰머리카락이다. 이것들을 어떻게 다스릴까. 출근 시간이 점점 다가오는데 여간 신경 쓰이는 일이 아니다. 생각다 못해 가르마 부분에 난 것들을 가위로 잘라버렸다. 머리 둘레에 난 것들은 헤어 드라이기 온도를 최고로 높여서 두세 번 빗어 넘긴다. 그제야 못 이기는 채 넘어간다. 이런 내 행동이 유별나게 보였던지 지켜보던 아내가 한마디 한다.

"그냥 내버려 두지, 왜 그래요."

"모르는 소리. 개그맨 누구 머리 같단 말이다."

사실 이것들이 주뼛주뼛 일어서면 머리 전체가 헝클어진 느낌이다. 내 성격상 그냥 넘기지를 못하니 말이다.

세월과 함께 늘어난 흰머리, 그 흰머리 따라 의식세계에도 변화가 오기 마련이다. 흔히 듣는 세간世間의 말이 떠오른다. 나이가 들면 고집이 느는 게 사실이다. 아마도 젊은 사람들이 가장 싫어하는 모습일 게다. 자신의 주장만 내세우는 사람을 누가 반겨줄까 싶다. 마치 검은 머릿속에서 삐죽 내보이는 흰머리카락에 비유가 된다. 내가 가위를 들어 그것을 잘라버리듯이 그렇게 고집 센 사람을 멀리하고 싶을 것이다.

나이가 들어 흰머리가 늘어나고 체력이 점점 쇠잔해지는 것은 두려운 일이 아니다. 그 것은 너무도 자연스런 현상이기 때문이다. 하지만 고집은 그렇지 않다는데 문제가 있다. 다양한 세상 경험, 늘어난 상식, 연륜에서 배어나오는 권위가 귀를 덮은 탓이리라. 성인聖人 성聖자를 파자破字하면 귀 이耳자와 드러낼 정呈이 된다. 귀를 드러낸다는 뜻이므로 달리 말하면 성인이란 남의 말에 귀 기울이는 사람을 뜻한다. 그러나 세월과 함께 귀는 감춰지고 아집만 늘어난다면 큰일이다. 모든 대화 속에 긍정은 없고 부정만 나열될 것이기 때문이다. 뿐만 아니라 다른 사람과 생각이 다르다는 이유로 상대를 무시하게 될 것이 분명하다. 그런 과정에서 마음에 상처를 주고받게 된다. 그로 인하여 주변 사람들이 한 명 두 명 곁을 떠나고 결국 고독한 사람으로 혼자 남을까 두렵다.

우리는 흔히 부모와 자식간에도 소통이 잘 되지 않아 심각한 불화를 겪는 일들을 자주 본다. 그 뿐이 아니다. 사제간에도, 가까운 부부간에도 자기의 주장만을 내세우다가 서로 소원해지는 일을 당하게 된다. 열린 귀가 아닌 닫힌 귀로 살 때, 고독한 인생을 살 수밖에 없을 것 같다. 나 또한 그런 길을 걷고 있음을 느낀다. 유연한 사고를 갖기 위해서라도 고집이 습관이 되어서야 되겠는가. 아침마다 흰머리를 다스리는 것처럼 지금부터 내 자신을 잘 다스려야겠다.

이른 아침에 잠시 명상을 끝내고 마음속으로 기도를 올린다. 아니 내 자신에 대한 다짐을 하는 것이다.

'내 귀는 항상 밖을 향하게 해 주소서, 내 머릿속 한 칸은 항상 비어 있게 해 주소서.'

■ 작품평설

삶에 대한 끝없는 성찰과 겸허의 자세

-서용태의 수필세계-

강돈묵(문학박사, 거제대학교 교수)

작가가 문학에 심취하는 것은 다른 사람보다 자신의 삶을 사랑하기 때문이다. 일상성의 매너리즘에 빠져 정신없이 흐르는 시간의 노예가 되기 쉬운 현실 속에서 그래도 자신의 정체성을 찾아 깊은 고민에 들어가는 것이 작가이다. 뿐만 아니라 작가는 달려드는 현실을 기피하기보다 그것을 타개하고 더 나아가 자신을 절차탁마하는 기회로 활용하기도 한다. 이러한 노력의 흔적은 작품으로 형상화하는 과정에서 여지없이 드러나기 마련이다.

작가는 자신이 영위해 온 삶 속에서 글감을 선택하여 그것이 함유하고 있는 의미를 찾아나서는 데 결코 나태하지 않다. 넓은 백사장에서 번뜩이는 광체를 한두 개 주워내어 그것에 생명을 불어넣기 위해 끝없는 연금작업을 하는 것이 작가다. 그가 골라낸 번뜩이는 모래알은 순전히 작가의 주관적 시각에서 비롯된다. 그러다보니 자연적으로 작가의 인생관, 세계관, 문학관, 사회관 등이 겉으로 표출되게 마련이다.

같은 사물이나 사건이라 해도 작가에 따라 다른 의미로 형상화되는 이유가 여기에 있다. 그가 어떠한 삶을 살아왔고, 어떠한 것에 관심을 두고 살고 있는가에 따라 대상은 천차만별의 처지에 놓이게 된다. 하잘것없는 글감도 한 작가에 있어서는 엄청난 의미로 다가설 수 있기에 작가는 나름대로의 존재 의미를 갖는다. 그래서 작가의 문학적 작업은 영원한것이다.

작가는 현상에 깊은 의미를 부여하여 그만이 찾아낸 본질로 작품을 만든다. 그 작품이 가치가 있느냐 없느냐 하는 것은 별개의 문제이다. 왜냐하면 그 작품이 독자에게 영향을 미치는 것은 실로 다양하기 때문이다. 독자마다 가슴에 가지고 있는 자(尺)의 눈금은 다르고, 기호 역시 다양하다. 한 독자에게는 가슴을 울려 평생 잊지 못할 작품으로 기억되는가 하면, 더러는 그와 반대의 입장에 서는 독자도 있기에 그렇다.

오직 중요한 것은 한 작가가 경험한 바를 그대로 독자에게 전달하는 데에 급급했느냐, 현상에 머무르지 않고 작가 나름의 시각으로 그것이 가지고 있는 본질을 찾아 나섰느냐의 문제이다. 적어도 작가라면 현상에 머무르는 글을 써서는 안 된다. 사물이든 사건이든 그것이 함유하고 있는 본질을 찾아 독자에게 제시해야 한다. 그래야 작가로서의 의무를 다하게 되는 것이다. 자신이 체험한 바를 줄글로 적어 놓고 하나의 문학작품을 썼네 하는 사이비 작가가 만연한 현실에서는 이 부분 깊이 인식해 둘 필요가 있다.

현명한 작가는 결코 현상을 적지 않는다. 반드시 본질을 적어낸다. 그리고 슬기롭게 자신의 삶에 자양분으로 활용한다. 애기심愛己心이 강한 작가에게 있어서는 자신이 체험한 바를 의미 부여하는 과정에서 수양의 길을 걷기도 한다. 이 길은 수용자세에 따라 엄청난 의미의 차이를 가져올 수 있다.

작가 서용태는 있는 현상을 순수하게 받아들이고, 그 다음 자신의 심안으로 사물의 본질을 찾아 나서는 슬기가 있다. 어찌 보면 너무 순수하여 소아적 시각으로 착각하리만큼 때가 묻어 있지 않다. 이런 시각은 우선 현상을 올바로 보는 데에 많은 기여를 하게 된다. 글감의 모습을 정확히 받아들이고 있기에 본질 탐색에 깊이를 얻을 수 있다. 서용태 수필의 기능이 여기에 있다.

서용태는 2010년 11월 『수필과 비평』의 신인상을 수상하며 문단에 나온 신예작가다. 작품 활동을 시작한 지 채 두 해도 되지 않은 상태에서 작품집을 묶어낸다는 것은 그의 엄청난 창작열을 말해 주는 것이라고 할 수 있다. 그러면서도 작가의 시각은 분망하고 다양하다. 그러나 자신의 삶에서 결코 벗어나는 법이 없는 자세를 견지하고 있다. 늘 자신에게 달려드는 현실 체험 속에서 자신의 관심의 그물에 걸린 것들을 선택하여 의미 부여에 나서고 있는 것이다. 서용태 수필은 그의 일대기를 보는 것 같은 착각을 갖게 하는 그 무엇이 있다. 진솔한 고백에서부터 출발하기에 그의 흔적을 쉽게 발견하게 되는 것이다.

작가 서용태의 수필은 자신의 삶에서 출발하기에 그것이 프리즘을 통과할 때 네 가지의 빛을 가지고 빛나고 있음을 발견하게 된다. 그가 바라보고 있는 자연관, 인간관, 가족관, 직업관이 그것이다. 삶의 현장에서 접했던 일상들에 의미를 부여하고, 그것을 씨줄과 날줄로 얼개를 짜서 하나의 수필을 완성하여 독자 앞에 내놓는다. 그러기에 그의 수필을 보면 삶의 현장에서 부딪쳤던 일상들이 작가에게 어떻게 작용했는지를 쉽게 알아낼 수 있다.

작가는 심오한 사상과 오묘한 감정을 실어 작품을 완성한다. 전생을 두고 얻어진 철학과 삶의 인식이 작가에게 어떻게 부딪쳤고, 어떻게 작용했는지, 네 분야로 구분하여 살펴본다.

가. 근원이자 스승으로서의 자연

작가 서용태만큼 주위의 모든 것들을 스승으로 삼은 이도 드물다. 그는 늘 접근해 오는 현실을 거부하지 않고, 그 속에서 최선의 것을 찾아내는 겸손한 지혜를 가지고 있다. 그리하여 모나기 쉬운 성품을 갈고 닦고 문지르는 데에 게으르지 않다.

남들이 가볍게 스쳐버릴 일상 속에서 자기만의 시각으로 끄집어낸 글감에 생명을 불어넣기 위해 부단히 노력하고, 그 결과를 가지고 자신의 수양에 밑거름으로 삼고 있는 것이다.

> 매미소리가 한결 시원하게 계곡을 채운다. 발등을 간질이며 부드럽게 흐르는 계곡물이 좋다. 돌 틈에서 발원한 물줄기가 예사롭지 않다. 화엄사 독경소리를 가득 담아 구불구불 휘돌아 모여든 물줄기다. 물은 언제나 겸손하여 높은 곳에서 낮은

곳으로 흐른다. 유독 사람만이 낮은 도시에서 높은 산으로, 계곡으로 가기를 좋아한다. 이것이 중생들의 참 모습인지, 무지의 소치인지 알지를 못한다.

이어지는 계곡물은 유유히 흐르면서 속삭인다. 흐르는 물처럼 순리대로 마음 편하게 살라 한다. 때 되면 품은 뜻을 이룰 것인데, 사람들은 그 이치를 따르려 하지 않는다. 가만히 계곡물에 발을 담근 채 삶의 의미를 되짚어 본다. 나 또한 남들과 다를 게 하나도 없는 사람이다. 불가에서 말하는 중생 중의 한 사람일 뿐이다.

—〈화엄사에서〉

서용태에게 잡힌 계곡물은 단순한 물이 아니다. 화엄사의 독경소리를 가득 담아 구불구불 휘돌아 내리는 물인 것이다. 저 물이 이 지점에 이르기까지 얼마나 많은 모서리를 감돌아 왔을까. 그 과정에서 겸손을 익힌 물인 것이다. 그래서 순리대로 높은 곳에서 낮은 곳으로 흐른다.

작가 서용태는 글감에서 본질을 찾아내서는 반드시 자기 수양의 계기로 삼는다. 욕심에 찬 중생의 무지를 지적하며 느긋하게 기다리는 수양의 길로 들어선다. 작가가 계곡물에 발을 담그는 자세는 바로 여기서 비롯된다. 현실에 자신을 맡기고 수양의 길로 접어드는 것이다. 이와 같이 자연 현상까지도 자신을 수양하는 데에 적극 활용한다.

장마 통에는 세월이 빠르다는 느낌이 없다. 모든 일상이 무

> 디어지니 말이다. 아마도 우리 민족이 '빨리 빨리'를 입에 달고 살게 된 것도 사계가 뚜렷한 기후 탓인 듯하다. 내 어릴 적 아버지는 자식들에게 잠자리에서 일어나는 일도 빨리, 걸음 걷는 일도 빨리, 농사일도 빨리라는 말을 습관처럼 하셨다. 지금에 와서 생각해 보면, 아버지가 성정이 급하셔서 그런 게 아님을 알게 된다.
>
> 적기에 보리 수확을 하지 않으면 곧이어 닥칠 장마에 모두 썩히게 될 것이 뻔하다. 그런 이유만이 아니다. 보리를 심었던 논밭을 제때 갈아엎어야 고구마를 심고, 잡곡 씨앗도 뿌릴 수 있다. 그보다 가장 중요한 쌀농사는 어떠한가. 하지夏至 안에 모내기를 마치지 못하면 하루에 일 할씩 감수減收가 된다고 하니 얼마나 조급한 상황이었겠는가. 그러니 자연스레 '빨리 빨리'가 체질화되었지 싶다.
>
> —〈장마〉에서

서용태에게 있어서 계절의 변환이 가벼울 리 없다. 역시 커다란 의미를 찾아주는 매체가 된다. 사계의 변환은 그에게 우리 국민의 성정을 읽어내는 기회를 제공한다. 늘 '빨리 빨리'를 입에 달고 산 이유를 규명한다. 급변하는 계절에 적응하려면 당연히 서두르지 않으면 아니 되었고, 그로 인하여 성정이 급한 사람으로 오해받기 쉬웠다.

자연 현상을 바라보는 작가의 눈은 인간에 미치는 영향이다. 인간의 성정에 큰 작용을 하게 된다는 것이다. 이 작가에 있어서 자연은 절대적으로 거역해서는 안 되고 순응하며 적응해 가야 하는 절대적 존재인 것이다.

인간이 얼마나 자기 위주로 살아가는지 알게 되었다. 새들의 삶 자체를 알지 못하고, 종속물로 인식한 무지는 끝이 없다. 내가 기쁠 때는 같이 노래하는 느낌으로, 내가 슬플 때는 구슬피 우는 느낌으로, 다가왔으니 말이다. 짝을 찾는 소리, 먹이를 찾는 소리에도 그런 줄만 알았다. 그 숲 속에서 생사를 가늠하기 어려운 살벌한 삶이 있다는 사실을 모른 채 말이다. 내가 좋아하는 휘파람새의 아름다운 지저귐도 한 생명체의 생존전략임을 비로소 깨달은 것이다.

지금껏 만물이 나를 위해 존재한다는 사고思考로 살았다. 나 또한 지구상의 한 생명체일 뿐이라는 생각을 하지 못한 것이다. 풀 한 포기, 나무 한 그루가 여럿 모여 숲을 이루 듯, 크고 작은 생명체가 모여 큰 세상을 이루고 있지 않는가. '인간은 만물의 영장'이라는 말이 무슨 진리처럼 통용되고 있다. 그것은 우리들의 오만이자 착각일 뿐이다. 하루에도 수 없이 천상천하유아독존天上天下唯我獨尊을 말하며 뭇 생명체를 종속물로 여기지나 않았을까.

—〈휘파람새 소리〉에서

거역해서는 안 되는 절대적 존재인 자연에 임하는 태도는 작은 새에 대한 사고에서도 변함이 없다. 인간이 자기 위주의 사고로 가볍게 자연을 소유하려는 욕심을 질타한다. 작은 새의 삶조차도 이해하지 못하면서 무지하게 자연을 종속물로 인식하는 인간의 이기를 지적한다. 자연 속에서 치열하게 삶을 살아내는 휘파람새의 절절한 울음소리조차도 사람들은 제 감정에 따라 '운다', '노래한다'로 받아들이고 있다는 것이다. 그 소리는 생사를 가늠하기 어려운 살벌한 삶의 소리인 것이다.

여기서 머물지 않는 것이 작가 서용태다. 자연 속에서 삶의 지혜를 찾아나서는 것이다. 풀 한 포기, 나무 한 그루와 똑같은 미미한 존재가 자신이라는 것이다. 이러한 시각은 작가 서용태가 이 세상을 살아가면서 익힌 겸손인 것이다.

작가 서용태에게 있어서 자연 현상은 절대적 의미를 갖고 있고, 그것은 무수히 작가에게 자신을 갈고 닦는 계기를 제공하는 존재로 되어 있다. 절대적으로 이러한 자연현상에 거역된 사고나 행동을 보이는 적이 없다. 오히려 그에 쉽게 순응함으로써 새로운 진실을 터득하려 한다. 자연 속에서 듣는 물소리, 새소리에서도 자신의 수양을 생각하는 작가이기에 계절의 변환에서도 인간의 심성을 읽어내려는 태도를 견지하고 있는 것이다. 늘 자연은 자신을 갈고 닦는 데에 스승의 역할을 해 오고 있다.

나. 생활인이자 동반자로서의 인간

작가는 똑같은 현상이라 해도 자신만의 시각으로 현상을 읽어내는 능력이 있어야 한다. 이 능력이 없으면 하나의 작가로 존재할 의미를 상실하게 된다. 다른 사람의 흉내를 내는 것이 아니라 자기만의 시각으로 세상을 읽어내는 예리한 감각이 있어야 한다. 가볍게 스쳐버릴 일상 속에서도 작가의 눈은 언제나 깨어 있어 남다른 것을 찾아내는 지혜가 있어야 한다.

그 지혜는 작가의 삶의 태도가 어떠하냐에 따라 하나의 세계를 구축하기 마련이다. 글감의 선택에서도 차별화될 수 있고, 본질을 찾아 의미 부여하는 과정에서도 작가만의 모습이 나타날 수 있다.

> 재래시장에서 덤으로 주는 것은 고맙고 즐겁다. 왜 그럴까. 상행위에 있어 정한 값에 무언가를 더 얹어주는 것은 정情으로 생각하기 때문이다. 반면 정한 가격에 얼마를 깎아준다는 것은 불신만 초래하게 된다. 사는 사람에게 이익을 안겨 준다는 의미는 같다. 똑 같은 상술일진대 한 가지는 덧셈으로, 다른 한 가지는 뺄셈으로 처리했을 뿐이다. 그렇지만 정서상 의미는 확연히 다른 느낌인 것이다.
>
> 인간관계에 있어서 덧셈과 뺄셈의 원리는 무엇일까를 생각하게 되었다. 멀리 생각할 것 없이 가정생활에서 그 답을 찾기로 했다. 남편이 좋아하던 술을 줄이거나, 담배를 줄인다고 크게 감동을 받거나 고마워할 아내는 없다. 가정생활에 있어, 이런 일들은 뺄셈에 해당될 것이라고 가정해 보았다.
>
> —〈덧셈과 뺄셈〉에서

재래시장에서 덤을 얹어 주는 행위도 어떻게 인식하느냐에 따라 현저한 차이를 드러낼 수 있다. 물건을 사고파는 상행위에서 덤으로 얹어 주는 것은 '덧셈'이기에 정이 오고가기 마련이고, 가격을 깎아주는 것은 '뺄셈'이기에 불신만 초래한다는 것이다. 사는 사람에게 이익을 준다는 데에서는 같은 행위가 분명하다. 하지만 그 의미는 현저한 차이가 있다. 이러한 인식은 작가에게 세상살이의 인간관계로 의미 확대를 가져온다. 과연 사람들과 문대면서 살아야 하는 현실에서 '덧셈'과 '뺄셈'은 무엇일까.

하나의 사건이라 해도 그것을 받아들이는 수용자세에 따라 의미의 차이가 초래됨을 보여준다. 이 글에서 물건을 사고파는 상행위로 비유되었으나 그것은 그 사건에 한한 이야기가 결코 아니다. 우리의 삶 모두가 이러한 카테고리에서 벗어날 수 없음을 암시하고 있다. 똑같거나 비슷한 일이라 해도 그것을 해결하는 방법과 받아들이는 수용자세에 따라 현저한 결과의 차이를 드러낼 수 있다.

> 생존을 위해 필요한 것만 취하면 좋으련만 넘치도록 가지려 했다. 더 나은 행복을 찾아 부질없는 욕심을 달고 살았다. 그렇게 사는 게 당연한 일로 알았으니 성취욕은 있을지언정 심신은 지쳐 있다. 지금부터라도 마음을 다스려 욕심일랑 조금씩 내려놓아야겠다. 법정처럼 살 수는 없지만 몇 가지는 쉽게 내려놓을 수 있을 것 같다. 그러면 고단했던 몸이 한결 가벼워지리라. 부질없는 욕심은 불필요한 짐이 된다. 욕심 하나를 버리면 짐 하나를 덜게 되는 쉬운 원리를 모른 채 전생의 업보로만 여겼다.
>
> 지금도 늦지 않다. 오늘 당장 한 가지씩이라도 내려놓으며

사는 거다. 아쉬움도 크게 보면 욕심일 수 있다. 봄꽃마저 잡아두고 싶은 부질없는 욕심 하나 버리는 일부터.

—〈부질없는 욕심〉에서

인간은 무엇이든 더 나은 경지를 흠모하면서 사는 동물이다. 여기에서 벗어나지 못하고 욕심에 찬 삶을 꾸린다면 인간은 영원히 비극적 삶에서 헤어나지 못한다. 최소의 욕심을 가지고 살면 편안하고 즐거울 텐데, 부질없는 욕심을 달고 살기에 불행하다는 인식이다.

성취욕을 가지고 살면 목적지에 도달할지는 몰라도 늘 심신이 괴롭다. 작가 서용태의 인간에 대한 인식은 '욕심에 차서 심신이 괴로운 존재'이다. 여기에서 벗어나려면 욕심을 하나씩 내려놓아야 한다는 것이다.

지난 세월의 부질없는 욕심을 후회해도 다시 그 욕심에서 벗어나지 못하는 것이 인간임을 너무나 잘 알기에 작가는 작은 것부터 하나씩 내리려는 시도를 하게 된다.

정말 철부지적 사고思考였다. 아담과 이브가 금단의 열매를 따 먹었던 사건으로 말미암아 홀로서기가 가능하지 않았을까. 그것은 진정 인간을 만물의 영장으로 우뚝 세우기 위한 신의 뜻인지도 모를 일이다. 아담과 이브가 에덴에서의 편안한 삶에 안주하였다면 지금의 우리들은 더 불행한 삶을 살고 있을지 누가 알랴.……〈중략〉…… 아담과 이브는 결코 에덴에서 쫓겨난 것이 아니다. 그것은 그들의 선택일 뿐이다. 조물주가

> 그들을 에덴에서 내쫓은 것이 아니라 그들이 인간답게 살도록 배려한 것이다. 그러기에 우리는 아담과 이브가 에덴을 떠나 살아온 것처럼 그렇게 살면 된다. 에덴을 다시 찾으려고 헤매는 환상을 버릴 때 진정 행복한 삶을 누릴 수 있는 것이다.
>
> —〈에덴을 잃어 더 행복하여라〉에서

성경에 보면 아담과 이브가 금단의 열매를 따 먹었기에 에덴의 동산에서 쫓겨난다. 이와 같이 인간은 사욕으로 많은 어려움을 겪게 된다. 에덴동산에서 쫓겨난 인간은 이 세상에 와서도 그 욕심의 끈을 내려놓지 못하고 괴로움에 떨고 있는 존재이다.

그러나 작가 서용태는 이러한 성경의 지적을 달리 인식하려 한다. 바로 여기에 작가로서의 존재 의미가 있는 것이다. 조물주가 인간을 에덴동산에서 내친 것은 오히려 인간이 인간답게 살도록 배려한 것이라는 해석을 내놓고 있다. 인간을 만물의 영장으로 우뚝 세우기 위한 깊은 뜻이 숨겨져 있었다는 것이다. 그냥 에덴동산에 두었으면 편안한 삶에 안주하여 오히려 불행했을 것이라는 작가의 해석은 철저한 인간에 대한 애정에서 비롯된 것이다.

작가 서용태도 역시 인간이다. 인간의 욕심에 뉘우침의 칼을 대면서 가벼운 것부터 하나씩 내려놓자 하면서도 끝내 인간적인 욕심에서 벗어나지 못한다. 그것은 어디까지나 신의 뜻이라고 작가는 합리화한다. 인간을 만물의 영장으로 만들기 위한 신의 뜻. 그 뜻에 충실한 것이 인간이란 해석이다.

다. 뿌리이자 사고의 출발점으로서의 가족

서용태의 수필에는 가족에 대한 애정이 자간에 많이 내재해 있다. 모든 삶의 출발은 가족에서 비롯한다. 어머니의 자궁에서 나와 지금껏 살아오면서 혈연의 끈은 놓지 못하고 산 것이다. 이것 역시 가장 인간다운 순수이리라. 어린 날 부모의 품에서 자라면서 익혔던 삶의 지혜와 슬기는 평생 그의 삶의 자세로 각인되기에 충분하다.

혈연관계는 너무나 인간적인 작가에게 커다란 명제가 아닐 수 없다. 작품의 여기저기에서 그러한 흔적이 잡히고 있다. 그것은 한국인의 삶의 태도이기도 하다. 자주 보이는 가족을 향한 사랑의 흔적을 몇 가지만 찾아보기로 한다.

> 사계절을 가리지 않고 일군 아홉 논배미를 합치면 모두 다섯 두락이 되었다. 아버지가 삼 년 세월을 일군 농토였다. 변변한 농로조차 없었던 때에 거름 가득한 바소쿠리를 지고 하루에도 수 없이 다랑논을 오르내린 아버지였다. 다랑논에서 얻은 햅쌀로 조상께 메를 올리던 추석날 아침, 아버지는 감회에 젖어 잠시 눈물을 보였다. 온 가족이 숙연해졌다.
>
> 그처럼 애지중지하던 다랑논 두렁 위에서 아버지를 추억한다. 아버지의 탄식소리만 귓전에 들려오는 듯하다. 아버지의 혼이 밴 다랑논을 생각하면 누군가 농사를 지어야 한다. 그러

나 누가 저 다랑논을 다시금 갈아엎고 농사를 지을까. 아무도 나서는 사람이 없다. 농사를 대신 지을 사람도 없다. 트랙터 영농이 불가한 곳은 엄두를 낼 수 없기 때문이다. 한 시절, 아버지가 일군 다랑논으로 어린 자식들이 깃을 다듬고 힘을 길러 날갯짓을 했는데, 지금은 아무도 가꾸지 않아 황량하기만 하다. 빈 둥지 같은 다랑논이다. 논둑을 받친 돌덩이에 붙은 검은 이끼가 아버지의 팔다리에 말라붙은 피딱지로 보여 가슴이 아프다.

—〈아버지의 다랑논〉에서

이 글에 묘사된 아버지는 한국 아버지들의 자화상이다. 가난과 고통 속에서도 가족의 생계를 책임져야 했던 아버지. 그 아버지들의 땀이 밴 삶을 그려주고 있다. 그토록 극진히 자식들을 사랑하는 것은 조상에 대한 도리이기도 했다.

갖은 고통을 감내하며 일구어낸 농토에서 경작된 결실은 맨 먼저 조상에게 바치면서 회한의 눈물을 흘리는 것이 한국의 아버지들이다. 서용태에 있어서 '아버지'는 바로 이러한 아버지인 것이다.

그러기에 아버지가 떠나버린 그 다랑이논의 두렁 위에서 작가 또한 조상을 추억하게 되는 것이다. 지금은 농사를 짓지 않아 황량한 그곳에서 아버지의 탄식소리를 듣는 것은 그래서 가능하다. 아버지의 땀이 밴 다랑이논. 이곳에서 여러 형제가 날갯짓을 할 수 있는 힘을 얻었건만 이제는 아무도 거들떠보지 않아 황량하기 그지없다. 이 아픈 사연으로 서 있는 작가에게 논둑 돌멩이에 붙은 이끼가 아버지의 팔다리에 말라붙은 피딱지로 인식되고 가슴을 아프게 누르는 것은 당연하다.

바로 이런 아버지가 한국의 아버지였던 것이다.

> 주택을 고치는 일은 순조롭게 진행되어 가는 듯했다. 대문 설치 일만을 남겨두고 있을 무렵이었다. 갑자기 어머니의 표정이 굳어지기 시작했다. 어머니가 이웃집을 다녀오신 이후로, 쇠대문은 절대 안 된다고 한다. 무슨 대문이 열고 들어갈 수도 없고 안에 사람이 있는지, 없는지 알 수가 없다는 것이다. 그 집 개 짖는 소리에 주인이 가까스로 어머니를 맞기는 했다. 그래도 현대식 대문이 영 마음에 안 들었던 모양이었다. 이미 대문이 제작 중에 있어 낭패를 보게 생겼다. 이제는 아무리 설득해도 물러설 태세가 아니다. 사립문도 텃밭도 사라졌는데 대문마저 그렇게 하면 안 된다는 것이다. 어쩔 수 없이 형은 대문 제작을 보류했다.
>
> 지금도 고향집은 대문이 없다. 쇠대문을 단다는 것은 어머니의 모든 삶을 빼앗고, 당신을 철창 속에 가두는 것이라는 말씀에는 더 이상 어찌하는 도리가 없었다. 어머니에겐 사립문이 세상을 접하는 통로였는데, 그것마저 막아버리면 고려장시키는 것과 같다는 말씀을 듣는 순간 우리가 미처 헤아리지 못한 미혹함을 느꼈다.
>
> —〈어머니의 사립문〉에서

아버지가 외부의 바람을 막아내고 가족의 안위를 짊어졌다면,

어머니는 언제나 지아비의 뜻을 따르고 가정의 편안을 위해 늘 따뜻함을 유지해온 존재였다. 그래서 언제나 평온함과 따뜻한 안간애가 있었고 이웃과 정으로 관계하는 자애의 얼굴이 한국의 어머니상이다. 서용태 수필에서는 끝없는 어머니의 사랑과 자애가 표현되어 있다. 그래서 어머니의 삶의 현장은 호화롭지도 않은, 조용한 텃밭이거나 집안의 정원이다.

이웃과 소통의 통로인 사립문을 없애고, 쇠대문을 단다는 것은 어머니에게 있어서는 철창과도 같다. 거리낌 없이 서로 오고 가고 이웃간의 정을 나누던 사립문을 없애고, 쇠대문을 다는 행위는 어머니에게 있어서는 고려장인 것이다. 함께 이웃과 공존하고 정을 나누는 후덕함을 가진 자가 바로 한국의 부인네인 것이다.

편리와 실용에만 익숙한 자식들의 사고에 차단기를 내리고 끝까지 버티는 어머니의 행위는 이웃간의 정을 중요시한 것이기에 자식들은 다시 사립문을 제작하기에 이르게 된다. 늘 자애로우면서도 마지막에는 거부의 손을 들 수 있는 강한 의지인이 바로 한국의 어머니상이다.

한민족만큼 혈연의 의미를 중요시한 민족이 또 있을까. 자식 점지해주는 신에는 절대적 신앙이었고, 그 자식이 태어남에 불경스런 일은 당연히 없어야 했다. 「사라진 할미꽃」에서 보면 손자의 태어남에 준비하는 온 가족의 마음 자세가 잘 그려져 있다.

새 생명의 탄생은 신성한 것이고, 여기에는 어떠한 불경스러운 일도 끼어들어서는 안 된다. 무덤가에 있는 할미꽃을 집안으로 들인 것도 바로 이런 행위이니 당연히 내다버려야 한다.

죽순을 따러 갔다가 무덤가에서 캐어온 할미꽃. 이 꽃을 버리는 아내의 행위는 그러기에 남편의 뜻을 물어볼 여지도 없는 것이다. 남편의 어떠한 불호령이 떨어진다 해도 태어나는 손자를 위한 길이니 아내의 행동에는 과단성이 있고, 신속함이 있다. 이같이 새로운 가족의 탄생에는 모든 구성원이 몸가짐을 잘 해야 하고 불경스러운 행동을 해서는 안 되는 것이다.

아내가 밖에서 친구를 만났단다. 다들 출산과 산후조리하는 과정에서 있었던 에피소드를 쏟아낸 모양이다. 그중에 한 가지가 지금 우리 집에서 이루어진 일과 흡사하다는 것이다. 할미꽃은 주로 무덤가에 있는 꽃이니 이것을 채취하여 집으로 옮겨 심은 일이야말로 불안하고 마음이 편치 않은 일이라는 것. 더구나 손주의 출생 예정 달에 이 무슨 불경스런 짓거리를 한 거냐는 것이었다. 그래서 남편한테 호되게 당하는 한이 있어도 즉각 조치를 해야겠다는 아내의 과감한 결단임을 알게 되었다. 이쯤 되면 할 말이 없다.

할미꽃은 나를 원망하고 있을 것이다. 언제 그 꽃이 우리 집에 간다고 한 적이 있던가. 그저 아름다움에 이끌려 집으로 가지고 가야겠다는 일방적 내 욕심일 뿐이다. 아내는 내가 가져온 이 꽃을 불경스럽다며 아무런 상의도 없이 내다버렸으니 인간의 야릇한 심사 앞에 할미꽃은 오죽이나 서럽겠는가. 우리 집에 온 이후로 며칠 동안 정을 쏟았건만 지금은 한갓 쓰레기 무덤 속에서 죽어갈 그 할미꽃이 가여워 가슴이 아프다. 과욕이 애꽃은 할미꽃만 죽이는 결과를 초래하였으니 내가 지은 죄가 크다. 속죄의 길도 없어 보인다. 자연에서 잘 자라고 있는 꽃나무를 탐내지 말아야겠다. 이렇게 다짐하는 것으로 속죄를 대신했다.

—〈사라진 할미꽃〉에서

서용태의 수필에 나타난 가족애는 모든 일에 우선하며, 서로 사랑하고 신뢰하는 믿음 속에서 이루어지고 있다. 구성원 모두가 하나의 구심점으로 모아지는 의식이 밑에 깔려 있다. 아버지는 가족의 생계와 안위를 책임져야 하는 존재로 끝없는 노동을 감내하는 존재이다. 어머니는 가정의 평화를 위해서는 언제나 정이 있어야 하고, 늘 이웃과 다정히 지내야 하는 자애로운 존재인 것이다. 또 모든 가족은 집안의 일에 한마음이어야 하며, 새로운 생명의 탄생에는 경건한 몸가짐이어야 한다.

라. 퇴직자로서 반추해 보는 직업

작가 서용태의 직업은 행정공무원이다. 일찍이 거제시청에 몸담아 왔고, 이제는 지원국장으로 그 생활을 마감하려 한다. 한평생을 행정공무원으로 살면서 그 나름 간직했던 직업관이 작품의 여기저기에 그려지고 있음을 본다. 그가 한평생 공무원으로 살면서 가지고 있던 다짐의 소리는 「매미」에 잘 드러나 있다.

그래서 우리 조상들은 깨끗한 선비를 매미에 비유했다. 매미는 청렴의 상징인 것이다. 무엇보다 매미는 다른 곤충들처럼 농작물을 건드리지 않는다. 옛 사람들은 매미가 이슬만을 먹고 살다가 죽는 미물로 알았다. 사실은 나무의 수액을 먹고 산다. 그러니 다른 곤충에 비하면 정말 깨끗한 삶을 사는 것이다. 매미는 결코 먹이를 저장하거나 남의 것을 빼앗아 오거나 하는 일이 없다. 남에게서 먹이를 얻어 오거나 받는 일도 하지 않는다. 생존을 위한 최소의 영양분만 스스로 섭취하며 산다. 사람들 가까이 서식하면서도 결코 사람들에게 유익한 농작물을 건드리지 않는 매미. 이처럼 매미는 다른 것에 해를 주지 않고, 스스로 최소의 수액만을 취하여 먹고 살기에, 우리의 조상들은 청렴의 상징으로 매미를 꼽았던 것이다. 익선관翼蟬冠에는 이러한 매미의 생태를 눈여겨 본 우리 조상들의 혜안이 엿보인다. 관모에 매미 날개를 상징하는 것을 달아 선비정신을 기리려 했던 것이다. 매미처럼 밝은 낮에는 깨어 있고, 어두움 속에 숨어서 엉뚱한 짓을 하지 말라는 뜻으로 매미의 날개를 관모에 달았던 것이다. 다만 그것이 임금은 위로 향하고, 관리들은 양 옆으로 달린 것이 다를 뿐이다. 무릇 관리는 매미처럼 청렴해야 한다는 뜻이 담겨 있다.

—〈매미〉에서

우리 조상들이 매미에 대해 가지고 있던 생각이 작가 서용태에게는 무거운 메시지로 남아 있다. 매미는 청렴의 선비를 상징한다. 다른 곤충들처럼 인간의 곡식에 탐욕의 혀를 내밀지 않는다. 오로지 이슬만 먹고 산다. 그리고 욕심으로 먹이를 저장하거나 남의 것을 빼앗는 경우가 전혀 없다. 최소의 먹이만을 취하며 살다가 간다. 낮에는 깨어 있고, 어둠 속에서 엉뚱한 짓을 하지 않는다. 그것도 긴 삶이 아니라 삼 주간의 삶만을 허용받고 불평 한마디 늘어놓지 않고 주어진 삶에 만족하고 말없이 떠난다. 그래서 우리 조상들은 매미와 같은 청렴한 관리가 되라는 뜻으로 관모에는 매미의 날개를 달았다.

비록 조상들의 지혜였지만 공무원의 길을 걷고 있는 사람에게 이러한 기록은 커다란 의미로 대두되었던 것이다. 자신의 공직생활에 늘 따라 다니며 정신적 지주가 되었을 것이 뻔하다. 흔히 사욕의 유혹에 떨어지기 쉬운 공무원생활을 하면서 자신을 굳게 지키려했던 공무원 서용태의 다짐이기도 한 것이다.

> 사람은 누구나 종점에 이르게 된다. 정년이 되면 직장을 떠나는 일도 그중 한 가지일 것이다. 그냥 무의미하게 직장을 떠나기도 하고 최후를 맞이할 수도 있다. 그에 비하면 문학하는 사람들은 행복한 삶이다. 자기의 영혼을 용해시킨 작품을 세상에 남기고 갈 수 있으니 말이다. 후배들이 내가 쓴 수필을 읽으며 직장생활을 더욱 풍요롭게 하는 데 조금이나마 도움이 된다면 이만한 보람도 없을 것 같다. 잔설이 자기 몸을 녹여 마른 잔디에 수분을 주고 떠나는 것처럼 그렇게 정년을 맞이하고 싶다.
>
> —〈잔설〉에서

정년을 맞는 작가의 마음이 잘 그려져 있다. 누구나 세월의 흐름 속에서 자유로울 수 없는 것. 정년을 맞아 자신이 있던 자리에 대해 배려하는 모습이 그려져 있다. 남은 자들에게 지금까지 얻은 지혜를 모두 남기려는 태도는 세심한 배려이다.

인생에서 한 부분 매듭을 형성하면서도 행복해 하는 것은 본인이 글을 쓰는 작가가 되었다는 사실이다. 앞으로 자신의 영혼을 용해시킨 글을 얼마든지 쓸 수 있다는 데에 행복을 느끼고 있는 것이다. 말뿐이고, 간판격인 작가라는 직함이 아니라 진정한 작가가 되겠다는 각오이기도 하다.

자신의 저서를 내면서도 햇볕에 녹아 잔디에게 풍요로운 수분을 공급하는 잔설과 같은 존재이길 갈망하는 작가의 마지막 소망은 정년을 맞는 자로서는 마지막 사회에 대한 봉사이고, 최대의 배려인 것이다.

이상에서와 같이 서용태의 수필세계를 네 가지 관점에서 살펴보았다. 수필이 작가의 삶이 겉으로 드러나는 문학 장르이라서 그의 작품세계를 살펴본다는 것이 그의 삶을 훔쳐본 것 같은 생각에서 자유롭지 못하다.

그러나 살펴본 결과 평자의 눈에는 건실하게 열심히 산 한 사람의 모습을 훔쳐본 것 같아 한편으로는 흐뭇하기도 하다. 그의 수필은 너무도 열심히 살아온 그의 삶, 그 자체이다.

자연을 접해도 자신을 갈고 다듬는 스승으로 모셔 받들고, 사람과의 관계에서도 원만함을 유지하려 하고, 자신이 최선을 추구한 삶이었다. 가정에서의 가장 역할을 무겁게 받아들이며 혈연의 중요성을 인식하려는 입장을 견지하고 있다. 또 퇴직을 눈

앞에 두고 반추해 보는 그의 직업관은 부정에 휩쓸리지 않고 정당하면서도 청빈한 생활 태도를 유지하려 했던 몸부림이 여기저기에서 발견된다.

서용태는 창작열에 불타는 신예작가다. 앞으로 현직에서 나와 문학에 전념할 때에 이 세상을 따뜻하게 읽어내는 많은 작품을 생산해 내리라고 본다. 현실을 읽어내는 능력과 그것을 받아들이는 수용자세가 건강하기에 앞으로 더 많은 글을 남기리라고 믿는다. 그의 끝없는 창작열에 박수를 보내며 다음 작품집을 기대해 본다.

서용태 수필집

덧셈과 뺄셈

인 쇄 / 2012년 5월 21일
발 행 / 2012년 5월 25일

지 은 이 / 서 용 태
발 행 인 / 서 정 환
발 행 처 / 수필과비평사

출판등록 / 1984년 8월 17일 제28호
주 소 / 서울시 종로구 익선동 30-6
운현신화타워 빌딩 2층 209호
전 화 / (02) 3675-5633, (063) 275-4000
팩 스 / (063) 274-3131
E - mail / essay321@hanmail.net

값 12,000원

ISBN 978-89-97700-17-2 03810